Sua melhor versão

FLAVIA MELISSA

Sua melhor versão

DESPERTE PARA UMA NOVA CONSCIÊNCIA

Academia

Preparação: Elisa Martins
Revisão: Hires Héglan e Andréa Bruno
Diagramação: Maurélio Barbosa | designioseditoriais.com.br
Capa: Luiz Sanches Junior
Imagem de capa: Patricia Bernal
Ilustrações de miolo: wikki/shutterstock

CIP-BRASIL. CATALOGAÇÃO NA PUBLICAÇÃO
SINDICATO NACIONAL DOS EDITORES DE LIVROS, RJ

M47s

Melissa, Flávia
Sua melhor versão / Flávia Melissa. - 1. ed. - São Paulo : Planeta, 2017.

ISBN 978-85-422-0894-8

1. Crescimento pessoal. I. Título.

16-38092 CDD: 658.3
CDU: 005.95/.96

2017
Todos os direitos desta edição reservados à
EDITORA PLANETA DO BRASIL LTDA.
Rua Padre João Manuel, 100 – 21º andar
Ed. Horsa II – Cerqueira César
01411-000 – São Paulo-SP
www.planetadelivros.com.br
atendimento@editoraplaneta.com.br

Sumário

A meus pais e minha irmã, por me ajudarem a ser quem sou. A meu marido e meu filho, por me despertarem diariamente para quem quero ser.

Que bela invenção é o homem.
William Shakespeare

Prólogo

Ninguém disse que seria fácil, mas também ninguém avisou que seria assim.

Quando eu era pequena e me falavam a respeito de um pote de ouro no fim do arco-íris, ninguém disse que existiam cores frias e cores quentes. Ninguém falou quão geladas elas poderiam ser na ausência do sol, nem quanto poderiam queimar sem uma brisa suave qualquer.

Quando me ensinaram a mergulhar, ninguém se lembrou de me alertar que, às vezes, a piscina está sem água ou que na água doce se afunda mais rápido que na salgada. E que no mar a gente não pode engolir água se sentir sede, porque assim se morre mais rápido. Me ensinaram que peixe grande com barbatana era perigoso, mas nunca me disseram que golfinho também é grande e tem barbatana, e, ai!, tantos deles passaram por mim e eu fugi, perdida no meu medo.

Quando me mostraram que existiam coisas que voavam, tinham asas mas não eram pássaros, eu abri a boca e não acreditei que alguém que subisse naquilo voltaria são e salvo para contar história. Eu senti medo ao vestir o capacete, fiquei com borboletas no estômago quando apertaram o cinto de segurança, e meu coração quase saiu pela boca quando ganhei os céus. E, naquele dia, quando meu pai me mandou segurar firme o manche, eu segurei, mas fechei os olhos e não notei que era eu, a tão pequena eu, quem nos mantinha acima das nuvens.

Quando me mostraram que eu deveria pegar areia úmida para servir de base para construir meus castelos na praia, não me disseram que ela também seca quando exposta ao sol e que o destino de toda construção de areia é desaparecer. Assim, eu não aprendi que tudo é efêmero, que o passado pode ser tão real quanto o presente e que o futuro é uma grande bexiga colorida prestes a estourar. Eu não entendia quando via aquelas mulheres de branco jogando flores no mar, porque não sabia que, lá no fundo, haveria alguém para recebê-las.

Quando aprendi que plantas davam frutos e que, às vezes, devemos torrá-los para que fiquem mais saborosos, ninguém me disse que também o ouro passa pelo calor do fogo para ser purificado. Que usar protetor solar apenas aumenta o fator de proteção de nossa pele. Ninguém me disse que eu seria capaz de suportar minhas próprias dores para me transformar em um ser humano melhor.

Quando aprendi que lagartas e borboletas não eram animais distintos, eu senti nojo e não entendi que todos nós temos que passar pelo aprisionamento do casulo para, um dia, colorir os jardins da vida. Não percebi que existia um sofrimento genuíno ali envolvido, não cogitei o quanto deveria doer asas enormes saindo de um corpinho tão delgado. Não me dei conta de que eu também era uma lagarta e que a clausura do casulo em breve seria minha amiga.

O casulo dói, mas também liberta, porque na escuridão nenhuma cor é fria ou quente demais. Na escuridão do casulo, a umidade não sufoca nem afoga, apenas protege e amolece a pele para que as asas finalmente saiam. No escuro lá de dentro, todos os castelos de areia podem ser eternos, pois nunca chegam, de fato, a ser finalizados; sempre mudam, mudam sempre.

E foi sozinha que eu aprendi sobre a inconstância e a impermanência que regem o ciclo de vida de todas as plantas, de todas as bexigas coloridas, de todas as meninas que, aos 7 anos, são capazes de ficar no sol com fator de proteção solar 2 sem se queimar e que seguram firme seus manches e se mantêm acima das nuvens.

vida

Enquanto buscarmos a cura do lado de fora, seremos malsucedidos. É apenas aprendendo a olhar para dentro que conseguimos, efetivamente, tratar as feridas que dão origem à ideia de que nos falta algo. Dentro, dentro: é você, é você.

1.

Hoje. Madrugada. Estou sentada na minha cama, e um cigarro queima entre meus dedos. Não sei exatamente que horas são, mas sei que é mais tarde do que eu gostaria que fosse, principalmente levando em consideração a hora em que acordo amanhã de manhã e o que terei de fazer assim que sair de casa: atender pacientes. Muitos, o dia todo. Não sei ao certo para quê: sentir-se bem me parece cada vez mais um objetivo inalcançável. Não sei direito o que está acontecendo comigo, talvez eu devesse seguir o conselho do meu acupunturista e procurar uma terapia. Talvez eu pergunte a ele se me recomenda alguém. Talvez não. Talvez eu precise apenas que chegue logo a sexta-feira para entrar no carro e pegar a estrada. Talvez eu precise chegar à praia, ficar com as minhas cachorras e andar descalça. Sim, tudo de que preciso agora é andar descalça. Sentir a terra molhada nos pés, entre os dedos. Sentir a coceira das formigas me picando, ou dos pernilongos. Sentir alguma coisa que não seja esta angústia, este coração batendo rápido, esta mente indo de um lado para o outro, sem nunca descansar. Talvez não esteja acontecendo nada de errado comigo, talvez eu só esteja precisando desesperadamente de algo e apenas não saiba, ainda, do que eu preciso. Talvez seja isso. Tomara que seja isso, porque então significa que a cura existe. Sim, eu sei que ela existe, só não sei onde ela está. Mas se ela existe em algum lugar, posso encontrá-la. É exatamente isto que eu vou fazer: procurar pela minha cura. Sei que ela existe em algum lugar.

Quando faço um levantamento mental de minha vida, sei que me senti mal durante a maior parte dela. O trecho anterior, copiado de meu diário, é apenas um dos inúmeros com os quais fui preenchendo as páginas da minha existência, ao longo de anos e anos de busca por algo que eu não sabia o que era. Hoje sei: buscava por sentido. Eu queria desesperadamente que as coisas ao meu redor fizessem sentido, mas não faziam. Nunca fizeram. Na época eu não sabia o porquê e demorei muito tempo para compreender os motivos pelos quais minha vida parecia tão vazia.

Sou a filha mais velha de um casal formado por uma engenheira e um médico, ambos nascidos no interior de São Paulo. Tenho uma irmã 4 anos e 8 meses mais nova, e, durante muito tempo, foi só isso. O restante da família morava no interior, então sempre fomos apenas nós quatro. Tenho poucas lembranças de infância: as melhores são de épocas felizes quando eu viajava para "trabalhar" com meu pai no interior, onde ele tinha uma clínica. Eu ficava na casa da minha avó Guil e amava nossas tardes. Vó Guil me levava para fazer "expedições" pela vizinhança – cruzávamos um terreno baldio e, ao chegar à rua de baixo, estávamos em outra dimensão. Quando voltávamos para casa, suadas e exaustas da caminhada, ela me preparava um bife malpassado com salada de tomate e cebola e me deixava à tarde assistindo à

Corrida maluca na TV do quarto, já que a sala era o lugar preferido do meu avô João.

Outras lembranças felizes da infância: as viagens para a casa de praia, em Ilhabela, no litoral norte de São Paulo. Os passeios de veleiro com meu pai, depois de tomar "um belo café da manhã", como ele dizia. As brincadeiras no jardim de casa, subir em pés de pitanga na praia, comer hambúrguer no centrinho da cidade e, depois, tomar sorvete com calda de caramelo – sempre gostei da calda de caramelo, nunca liguei para as de outros sabores. Os gatinhos que apareciam no quintal de vez em quando; certo dia tive um que se chamava Twispity – sabe-se lá de onde tirei esse nome. Sempre quis ter um animal de estimação, e, então, Twispity apareceu – ele sempre aparecia, todos os fins de semana em que descíamos para a praia. Mas era um gato de rua, daqueles sem orelha, com rabo quebrado e cegos de um olho, então ele também não durou muito. Um dia, deixou de aparecer. Até hoje gosto de imaginar que ele tenha encontrado uma casa com pessoas que não o abandonavam todos os domingos para voltar apenas na sexta-feira seguinte.

Abandono: essa palavra é muito forte para mim. Tirando as boas lembranças de infância e algumas outras que guardo até hoje (festas de aniversário no salão de festas do prédio com carrinho de cachorro-quente e pipoca, brincar com a minha mãe de falar nomes de frutas que começassem com a primeira letra da placa do carro da frente no trânsito da hora do *rush*, andar de patins na garagem do prédio enquanto a babá me aplaudia – "Isso, Flavia! Muito bem!"), a sensação que me acompanhou durante grande parte da vida foi exatamente esta: abandono.

Durante muito tempo culpei meus pais por isso. Afinal, se eles não estivessem tão ocupados trabalhando para pagar coisas que eu não fazia questão de ter, talvez tivéssemos bons momentos em família com maior frequência. Eu não precisava do colégio tradicional e caro no qual estava matriculada; eu não entendia o porquê de não estudar na mesma escola de meus amigos do bairro. Eu não precisava aprender a falar italiano, assim como não precisava conviver com pessoas de sobrenomes importantes, perto das quais eu era apenas uma Ferreira sem importância, sem dinheiro, sem fins de semana nos clubes Paulistano ou Pinheiros e sem férias de final de ano na Disney em companhia da mãe que não trabalhava doze horas por dia. Eu precisava de um apoio que não sentia receber e necessitava desesperadamente que me perguntassem se eu estava bem.

Hoje, quando olho para trás, não posso afirmar ao certo se meus pais de fato não me perguntavam ou se eu, na verdade, apenas mentia dizendo que estava tudo bem – desde muito nova desenvolvi a habilidade de esconder muito bem o que eu sentia atrás de um belo sorriso e de um comentário bem-humorado. Eu não saberia descrever deste modo na época, mas a verdade é que eu sentia que existia algo muito errado comigo, torto e defeituoso, que jamais poderia ser descoberto pelos outros. Minha tarefa era apenas manter o sorriso no rosto e o brilho no olhar, mesmo que ambos fossem falsos. O importante era continuar fazendo a todos felizes para que ninguém suspeitasse que existia um monstro dentro de mim; e, enquanto eu continuasse sendo bem-sucedida nessa tarefa, estaria tudo certo.

Desde muito cedo você foi ensinado que existe uma parte sua bonita, adequada e merecedora de amor; uma parte boa o suficiente para ser esfregada na cara das pessoas; e uma parte má e ruim que deve ser escondida a sete chaves do restante do mundo. Pouco importa como você aprendeu isso: pode ter sido ao fazer uma conta certa na escolinha e ganhar um carimbo de estrela na mão que arrancou sorrisos e reconhecimento de seus pais quando chegou em casa; pode ter sido quando você bateu no seu irmãozinho mais novo e viu a expressão de decepção estampada no rosto da sua avó que te pegou no flagra. Não importa: todos nós um dia passamos por essa experiência de segmentação e divisão de nosso próprio *eu*. O famoso psiquiatra suíço Carl Gustav Jung deu o nome de Ego à parte luminosa e de Sombra à parte considerada errada e defeituosa que todos nós sentimos possuir. E, desde então, passamos a maior parte de nossa vida buscando desesperadamente esconder de Deus e de todo mundo aquilo que, em tese, nos desabonaria de ser reconhecidos, amados e valorizados pelas outras pessoas. O que nos resta é uma vida vazia e sem sentido, feita de apenas metade de quem somos. O que fica é um coração esburacado, malsucedido em amar a si mesmo por completo; afinal, parte dele não é merecedor de amor. E o que sobra, no fim das contas, é um você, um eu e um nós buscando desesperadamente preencher esse espaço vazio de coisas e pessoas que nos matem a saudade de nos sentir completos e inteiros, como um dia sentimos ter sido, há muito e muito tempo. **Enquanto buscarmos a cura do lado de fora, seremos malsucedidos. É apenas aprendendo a olhar para dentro que conseguimos, efetivamente, tratar as feridas que dão origem à ideia de que nos falta algo. Dentro, dentro: é você, é você.**

Minha mãe conta que, quando eu nasci, mal o médico terminara de cortar sua barriga e lá estava eu chorando de fome. E arremata dizendo que sempre fui muito gulosa e que fazia barulhos tremendos ao sugar a mamadeira vazia quando ela acabava. Nunca fui de deixar resto de comida no prato, e meu comportamento contrastava enormemente com o de minha irmã, que sempre foi magrinha, comia pouco e até mesmo deixou de crescer, durante um ano inteiro, porque não gostava de se alimentar. Durante uma época, costumávamos trocar os pratos: eu me servia e ela também e, então, eu dava a ela o meu prato e vice-versa. Nunca dava certo: ela não conseguia comer tudo o que eu havia servido, e eu acabava arrematando suas sobras, comendo até mais do que comeria se não tivéssemos feito a troca.

Desde muito cedo meu descontrole alimentar podia ser notado – e até mesmo você, leitor atento, pode ter reparado no fato curioso de que quase todas as minhas lembranças de infância envolvem comida: bife e salada de tomate, sorvete com calda de caramelo, hambúrguer e o tal do "belo café da manhã". A verdade é que rapidamente me transformei em uma criança roliça, o que me tornava alvo de comentários maldosos e de bullying na escola cara e tradicional. Meu segundo nome, Melissa, era também o nome da famosa marca de sandália que vinha com uma pochete de plástico – o que rendia todo tipo de zoeira e de trocadilhos maldosos: "Melissinha vem com a pochetezinha... Mas a sua é de verdade!" e, rápidos, beliscavam minha barriga e saíam correndo. Eu chorava, o que me fazia ser mais zoada ainda. Duvido que meus pais soubessem o que se passava – já comentei como estava me tornando **uma *expert* em camuflar minhas frustrações**.

Minha pré-adolescência foi marcada pelo efeito sanfona, e não era raro eu ter três ou quatro diferentes numerações de roupas no armário. Eu não jogava nada fora, na esperança de usar algo de novo ou de deixar de usar algo que estava usando. Complexada com meu corpo, fui a última das amigas a ficar com um menino – eu tinha quase 15 anos quando dei o primeiro beijo. Simplesmente não achava que pudesse ser atraente a alguém do sexo oposto. Eu evitava os espelhos e as ocasiões sociais nas quais pudesse ser olhada e vista por outras pessoas e, pensando bem, acredito que até tenha chegado a desenvolver algum tipo de comportamento de esquiva: eu tinha pavor de ir a certos lugares sozinha e, com o tempo, fui me tornando absolutamente dependente de outras pessoas em meu dia a dia. Eu me tornei aquele tipo de pessoa que movia mundos e fundos para que a melhor amiga estivesse junto em uma festa, nem que isso significasse chegar bem mais tarde, ir embora bem mais cedo e, entre uma coisa e outra, não conversar com mais ninguém a não ser com essa amiga para que ela não se sentisse deslocada na festa onde não conhecia praticamente ninguém e quisesse ir embora antes do que havia sido combinado.

Quase duas décadas depois, esse comportamento receberia um nome: **codependência emocional**, ou a tendência de fazer tudo por todo mundo o tempo todo, na esperança de ser a salvadora da pátria de quem se sentia mal consigo mesmo. Assim, me enxergava menos sozinha, esburacada e incompleta. Hoje me parece óbvia a influência de minha dinâmica de personalidade sobre minha escolha profissional; não é à toa que me formei psicóloga.

É engraçado como, quando estamos em meio ao olho do furacão, não **vemos as coisas como elas são de fato**. Eu nunca enxerguei o fio condutor entre minhas ações e sempre acreditei que estivesse no controle de minha vida. Nunca imaginei que existisse uma parte minha que eu não conhecia e que determinava as minhas ações e atitudes sem que eu, de modo consciente, pudesse suspeitar de algo. Tudo parecia estar de acordo com o que eu havia planejado para mim.

Até que, um dia, absolutamente tudo deixou de fazer sentido.

"Tente mover o mundo,
e a primeira coisa que
você fará será mover
a si mesmo."
(Platão)

2.

Eu simplesmente não posso mais suportar esta rotina. Não faz o menor sentido para mim tudo isso, não importa o que me digam. Não me importa quantas pessoas gostariam de estar no meu lugar neste momento: eu não quero estar no meu lugar. Odeio minha vida e tudo que eu faço. Odeio o trânsito que preciso pegar todos os dias pela manhã. Odeio este hospital e a miserável bolsa de estudos que recebo e que, supostamente, deveria me fazer feliz por eu estar sendo paga pelo governo para me aprimorar na minha profissão. Odeio estes médicos medíocres, que se julgam donos do Universo, odeio estes pacientes moribundos com cheiro de morte que não se responsabilizam por suas próprias vidas e odeio, ainda mais, a mim mesma por conseguir me fantasiar de agente de saúde todos os dias pela manhã, vestir este jaleco e este sorriso, ambos brancos, que apenas escondem o tamanho da escuridão que existe dentro de mim. Odeio ter que me sentir feliz simplesmente por ter casa, comida e roupa limpa para usar. Ninguém deveria ter que se sentir feliz. NINGUÉM.

De um dia para o outro, o chão havia desaparecido debaixo dos meus pés. Eu tinha então 23 anos e estava me especializando em psicologia clínica em um dos maiores hospitais públicos do estado de São Paulo com uma bolsa paga pelo governo. Eu tinha um carro e um namorado bons o suficiente para que minha vida funcionasse, mas algo estava errado e eu não conseguia entender o que era. **Eu me sentia sobrecarregada a maior parte do tempo**, e esse sentimento não tinha apenas relação à carga pesada que meu dia a dia profissional representava, mas, principalmente, estava relacionado ao **peso que eu carregava em minha própria vida**.

O casamento de meus pais havia acabado alguns anos antes, e eu, na época, não fui capaz de compreender a intensidade com que a separação me afetou. O abandono, aquela sensação conhecida dos meus tempos de criança, havia se tornado real: em momento nenhum houve uma conversa sobre quem queria morar com quem – meu pai apenas saiu de casa em um fim de semana sem que ninguém estivesse totalmente preparado para isso. Eu só conseguia sentir raiva e não sabia de quem: se dele, se da minha mãe, se da minha irmã, se do meu cachorro (que tantas vezes fizera xixi no lugar errado, causando inúmeras brigas dentro de casa), se de mim mesma. Passados muitos anos, consigo entender que meu pai fez o melhor que pôde com o grau de consciência e as ferramentas pessoais das quais dispunha na época. Mas esse entendimento não impede que um aperto venha ao meu peito até mesmo agora, quase duas décadas depois, enquanto escrevo estas palavras.

Como disse: eu não imaginava os efeitos devastadores que o divórcio de meus pais causara em mim, mas já havia algum tempo um certo alguém fazia uma boa ideia disso. Há alguns anos eu passava semanalmente em terapia com uma psicóloga incrível, minha querida Célia, por quem nutro o maior carinho, respeito e amor até hoje. Na terapia, ela explorava os recônditos doloridos de minha alma que, invariavelmente, se expressavam por meio de duas principais formas: minha incapacidade de me sentir plena e satisfeita profissionalmente e minha dificuldade na área emocional. Célia me ajudou muito – foram quase oito anos de trabalho juntas –, mas percebo que, na época, **eu não dispunha de olhos para enxergar o que aquele espelho refletia de mim**.

Tudo que eu sabia é que a sensação de que havia algo errado comigo permanecia constante, e mais ainda: estava se transformando em uma certeza inabalável. Existia uma *eu* que *eu* deveria esconder a todo custo, sob sérios riscos de decepcionar pessoas que eram muito importantes para mim. Eu fumava maconha várias vezes por semana e mais de um maço de cigarros por dia e bebia, religiosamente – com o perdão da palavra –, todos os fins de semana. Meu namorado na época era músico e tocava em uma banda de forró; quando excursionávamos para shows e grandes eventos, não era raro colocarmos um pedacinho de "doce" (o famoso LSD) debaixo da língua para fazer a noite ficar mais colorida. Os fins de semana eram regados a festas *rave*, nas quais os baseados e o álcool eram temporariamente substituídos por litros de água e balinhas coloridas – comprimidos de ecstasy que faziam as pessoas à minha volta ficarem mais bonitas e felizes, e então eu também ficava mais bonita e feliz. Para falar a verdade, a única droga da qual nunca cheguei perto foi cocaína e seus derivados – eu sabia que a injeção de autoconfiança que ela me proporcionaria rapidamente se tornaria minha melhor amiga. E, até hoje, não há um dia que eu não agradeça por ter me mantido longe dela. E, sempre: quando a brisa das drogas passava, e tudo que restava era a ressaca, um sentimento tão pesado e denso me dominava que eu não sabia o que fazer, apenas chorava.

Mais uma vez ninguém sabia o que acontecia comigo. Meu namorado às vezes me surpreendia em meio às lágrimas, e eu conversava bastante com meu pai a respeito do que sentia, **mas eu não me aprofundava em minhas percepções de mim mesma**. Em meio à escuridão de meus porões, minha Sombra se avolumava e crescia sem que ninguém pudesse ser testemunha de nada. Minhas segundas-feiras haviam se transformado em um inferno. Eu ia e voltava chorando, todos os dias, do hospital. Eu suspeitava que pudesse estar entrando em depressão, mas nem o rótulo de deprimida me fazia sentido. Foi uma época em que minha mãe e eu brigávamos muito; ela, a mulher abandonada pelo marido, era um espelho bastante realista do abandono que eu mesma me havia imposto ao relegar minhas fragilidades a segundo plano, disfarçadas muitíssimo bem por detrás de todos os meus sorrisos falsos. E eu não podia lidar com esse espelho. Mas esse era apenas mais um dos espelhos com os quais eu não podia lidar. Existiam muitos outros.

Um dia, sem mais poder negar que algo verdadeiramente muito errado estava acontecendo comigo, aceitei a sugestão de meu pai e de minha psicóloga e comecei a tomar antidepressivos. Hoje penso na bomba química que detonava em meu cérebro todos os dias: eram baseados e antidepressivos, além de álcool e outras drogas aos fins de semana. Maquiagem: era apenas isso que os antidepressivos estavam fazendo com a minha cabeça. **Absolutamente nada estava sendo curado de fato.**

Por outro lado, passei a me sentir melhor – quase comecei a gostar de meu estágio no hospital, mas ele terminou antes que isso pudesse de fato acontecer. Não posso dizer que as coisas haviam começado a, finalmente, fazer sentido. Mas eu sentia uma motivação diferente, que não sabia exatamente de onde vinha – isso tampouco importava. Eu não ia e voltava mais chorando do trabalho e havia voltado a sentir vontade de estar com meus amigos e minha família. **Havia voltado a conseguir vestir a máscara do sorriso branco: estava tudo bem.**

E tudo esteve bem por mais algum tempo. Um ano depois, deixei de tomar os remédios e, apesar da motivação inicial ter diminuído um pouco, eu ainda estava de pé, firme e forte. Estava tudo bem. Eu havia conseguido um título importante em minha carreira e havia começado a atender no consultório. O namoro terminou depois de algum tempo, mas eu sofri só um pouco porque estava, lentamente, ganhando um novo amor: a **bulimia nervosa.**

Você é acostumado a pensar, desde pequeno, que é seu corpo e sua mente. Você não faz ideia do que verdadeiramente é, mas desfila sua matéria física por aí enquanto pensa que isso é o que te define e te torna real. Você não tem a menor noção do que veio fazer aqui, mas é extremamente importante que, durante algum tempo, você se identifique com seus pensamentos e com seu corpo, porque isso é o que te dá identidade e é importante que você tenha uma neste plano tridimensional. É importante que você saiba claramente diferenciar-se dos demais – mas nem tanto assim. Porque você pode achar que seu corpo te torna único, mas ainda assim ele é apenas um corpo, átomos agregados. Um corpo único, mas um corpo, como outro qualquer. E você pode achar que seus pensamentos são só seus, mas todos nós pensamos sempre as mesmas coisas. Nós, seres humanos, somos todos, todos, farinha do mesmo saco. **Nós, seres humanos, somos todos um.** Absolutamente nada nos diferencia uns dos outros, e, ao mesmo tempo, somos tão diferentes. Diferentes e iguais, iguais e diferentes, tudo ao mesmo tempo – **AGORA**. Todos: os mesmos sonhos. Todos: os mesmos medos. **Todos, todos, querendo ser amados por nosso corpo e por nosso pensamento sem nos dar conta de que podemos, apenas e tão somente, ser amados por nosso coração.** Não o corpo nem a mente; mas o que mora do lado de dentro, tão dentro que apenas quem tem coragem o suficiente para se aproximar poderá, verdadeiramente, conhecer.

Eu sabia que estava ficando doente, mas não ligava, porque minha doença me ajudava a lidar com um fantasma bastante conhecido: **meu problema de peso que, desde a minha infância, me atormentava**. Eu só podia estar ficando doente, pois, afinal, não era normal passar o dia contando quantas calorias eu já tinha consumido, quantas eu havia gastado em atividades físicas e quantas eu tinha economizado com tudo o que tivera vontade de comer, mas conseguira resistir. Porém, de alguma forma estranha e ao mesmo tempo prazerosa, era mais fácil pensar nisso do que na minha vida profissional ou na familiar, que desabavam mais e mais a cada segundo – ou, ainda, na vida amorosa. Calorias eram claras: ou eram ou não eram. Calorias e aulas de *spinning* e *kicking box* eram seguras e conhecidas. Sem surpresas nem armadilhas: eu sabia o quanto precisava comer e o quanto precisava me livrar – não através de vômitos, e sim de purgantes, laxativos e jejuns prolongados. Minha alimentação era um terreno plano, sem altos e baixos – eu estava cansada de altos e baixos.

Aos 25 anos, mesmo tendo um consultório de psicologia em um bairro nobre de São Paulo, eu contava os segundos para estar na academia. Os fins de semana continuavam regados a baladas, bebidas, cigarros e droguinhas recreativas. Eu me sentia, inúmeras vezes, na corda bamba – sabia que estava cada vez mais próxima de ir e voltar chorando para o trabalho –, mas, de alguma forma, conseguia continuar em pé. **Tinha muita, muita vontade de viver algo diferente, mas não sabia o que poderia ser.**

Sentia cada vez menos prazer em minha profissão, mas não sabia para qual direção caminhar. Frequentava cursos aqui e ali na única área que me fazia algum sentido: **transtornos alimentares**. Mas me aprofundar nessa área de verdade significaria ter que parar de fingir para mim mesma que eu não sofria desse mal, então lentamente fui largando a formação até abandoná-la por completo.

O tempo passava e passava e passava e minha vida continuava a mesma: me sentir infeliz profissionalmente, ir para a academia, brigar em casa, viajar aos fins de semana, sofrer por um cara aqui e ali, comprar uma roupa nova, voltar para casa da balada sem saber exatamente o que tinha acontecido na noite anterior.

Sempre que as férias chegavam, eu me desanimava com minha profissão, porque minha clientela simplesmente desaparecia por completo durante dois ou três meses, e eu tinha mais tempo para pensar na minha vida do que gostaria. Eu sentia um desespero tão grande que minha mente muitas vezes me levava a acreditar que o que eu precisava era ir embora. Pensei inúmeras vezes em me mudar de país, quem sabe ser *baby-sitter* ou *bartender* na Austrália, mas nunca fui adiante com meus planos – eu não tinha um décimo da segurança, determinação ou inteireza necessárias para me virar sozinha do outro lado do mundo sem nenhum conhecido por perto.

E foi assim que, às vésperas de completar 26 anos, aceitei como presente de aniversário de minha mãe uma viagem para acompanhá-la em um congresso de educação a distância, em Manaus. Foram oito dias viajando em um lugar completamente diferente que me trouxe, apenas, mais do mesmo: dúvidas e mais dúvidas, cada vez menos certezas e, quando muito, alguns pontos de exclamação. **A sensação era de que eu não sentia muita coisa**, e o que eu sentia, geralmente, me deixava mais triste do que feliz. Comer ou não comer, fazer ou não fazer ginástica, de repente, me parecia besta e sem sentido. A vida tinha que ser mais do que estava sendo – não era possível. Alguma coisa tinha que mudar, e rápido: eu estava mais próxima dos 30 anos do que dos 20 e sentia que não tinha mais tanto tempo assim para perder com bobagens.

A única questão, no entanto, continuava sendo a de sempre: **eu não sabia onde buscar nem aonde queria chegar**. E como para quem não sabe aonde ir qualquer caminho serve, fiz o que qualquer um faria na minha situação: aceitei a primeira mão estendida que vi surgir em minha direção. E a agarrei com unhas e dentes.

O Universo sempre irá conspirar
para que coisas, pessoas e
situações aconteçam a você e o
aproximem mais de você mesmo!

3.

Estar aqui, em meio a estas crianças e adolescentes, está sendo a experiência mais significativa da minha vida. Eu não cheguei aqui com a ajuda de ninguém, nem pela indicação de meus pais ou por alguma coisa que eu tenha feito para alguém algum dia na vida. Cheguei aqui pelas minhas próprias pernas e, de repente, vejo que estas pernas não têm mais do que 10 ou 15 anos. Eu vejo estes adolescentes à minha volta e me vejo tanto em cada um deles. Me vejo na menina tímida, com dificuldades de fazer amigos. Me vejo na adolescente bonita, magra e popular. Me vejo no ar debochado do menino que é o piadista da turma e que, com isso, consegue muito bem esconder sua própria introversão. Me vejo no monitor que me paquera, enxergando em mim a "carne nova no pedaço". E me vejo, principalmente, na família que toca este lindo projeto de acampamento de férias. Minha dor não vem de me enxergar em cada uma destas pessoas, mas sim do fato de que tudo o que vejo de mim, ao meu redor, me lembra coisas minhas que venho tentando esconder de mim mesma há muito tempo. ***Talvez seja o momento de parar de fugir de algo que, no fundo, no fundo, sei que existe dentro de mim.*** *Mas como parar de fugir? Como me aproximar destas eus que venho abandonando ao longo dos anos? Esta é a resposta que preciso encontrar. Ou, talvez, seja hora de parar de correr atrás de respostas para começar, de uma vez por todas, a fazer as perguntas certas.*

Eu estava exultante. Tinha enviado, meio que de bobeira, um currículo para uma empresa do ramo de acampamento de férias e havia sido contratada como assistente de monitoria para a temporada de janeiro de 2005. Para mim estava sendo uma grande aventura! Afinal, era a primeira vez na minha vida que eu ia para um lugar inteiramente novo, onde não conhecia absolutamente ninguém, fazer algo que eu nunca tinha feito antes: cuidar de adolescentes por três semanas consecutivas. Hoje percebo como **o Universo tece teias complexas para nos aproximar do fundamental**: estar com adolescentes e reviver meus próprios dramas por meio de suas questões era o que eu mais precisava naquele momento.

Como a única psicóloga entre os monitores, rapidamente absorvi uma função importante: era minha responsabilidade lidar com os casos dos acampantes que queriam, por um motivo ou outro, ir embora antes da temporada acabar. Um motivo ou outro significava, na maioria das vezes, uma das seguintes opções: dificuldades de adaptação ou problemas em casa que faziam com que o adolescente em questão não conseguisse permanecer com o corpo em um lugar e a cabeça em outro. Fosse qual fosse o motivo, era sempre uma oportunidade de entrar em contato com fragilidades tão lindamente escancaradas que eu me sentia ruborizar diante da dificuldade que eu mesma tinha em olhar para as minhas vulnerabilidades. Mas, agora, não dava mais para fugir dos meus espelhos.

E, durante três longos anos da minha vida, esses espelhos foram tudo o que eu tive.

Disto você pode ter certeza: **o Universo sempre irá conspirar para que coisas, pessoas e situações aconteçam a você e o aproximem mais de você mesmo**, principalmente quando seus movimentos para consigo mesmo são de fuga e esquiva. Para o Universo, você é importante por inteiro, não segmentado em duas partes, uma bonita e uma feia, que deve ser evitada. Para o Universo, não faz sentido que você se abandone, se divida e mostre apenas uma de suas faces, pois você veio para ser inteiro. Você é extremamente importante para que o Todo seja o Todo, porque, **sem você, o Todo não seria o Todo e nada seria como o é**. Absolutamente nada seria como é se não fosse por você – este é o tamanho da sua importância para a existência. **Por isso, sempre que sua vida estiver fora dos trilhos, conte com isto: coisas, pessoas e situações vão acontecer a você para trazê-lo mais próximo do seu centro, mais próximo do seu eixo e mais perto de ser o inteiro que você veio para ser – o inteiro que você tem o direito de nascença de ser.** Nada menos do que isto: você, por inteiro.

No acampamento eu descobri uma família – uma família diferente e esquisita, com vários pais, muitas mães e mais filhos ainda. Lá, nosso trabalho era transformar sonhos em realidade. Eu adorava tudo o que fazia: instruir e treinar os monitores sobre a melhor forma de tratar seus acampantes, inventar gincanas e brincadeiras educativas, acompanhar a evolução dos adolescentes no decorrer dos dias durante as férias. Entre as temporadas, eu trabalhava no escritório, em São Paulo, acompanhando o processo de inscrição para a temporada seguinte, elaborando treinamento de novos monitores e recebendo os "calouros", acampantes de primeira viagem e seus pais, em reuniões de boas-vindas à nossa família. O engraçado é que, todos os dias, para ir trabalhar, eu pegava a mesma avenida tumultuada e engarrafada que me servia de caminho na época de meu odiado estágio no hospital, mas não me ressentia com nada disso. Eu ia feliz, pois sentia que o que fazia era importante de verdade – eu enxergava como nossas ações influenciavam positivamente na formação da personalidade e do caráter das dezenas de jovens que passavam pelas nossas mãos. A satisfação era muito mais importante que a recompensa financeira – **meu trabalho fazia sentido**.

Por outro lado, foi uma época de extrema instabilidade na minha vida. Eu vivia praticamente dentro do meu carro e nunca trabalhara tanto. No horário comercial, eu assinava o livro de ponto no escritório e, assim que o expediente acabava, ia correndo para o consultório dar conta dos pacientes que eu continuava atendendo – ainda que me sentisse extremamente frustrada com os resultados que vinha obtendo, pois sentia que a psicologia clássica não me representava clinicamente. Eu sentia que podia fazer mais do que fazia pelas pessoas que me procuravam em busca de maior bem-estar, mas não sabia por onde começar.

Uma coisa andava chamando a minha atenção já havia algum tempo: **a sintomatologia física de questões emocionais** que, vira e mexe, acometia as pessoas. E não era apenas em meu consultório que eu reparava nessa dinâmica: também a observava nos próprios acampantes que frequentavam as temporadas de férias. Em inúmeras situações, quando a mente não dava conta de processar as informações que os desconfortos físicos traziam, eu me calava e simplesmente permanecia ao lado da pessoa, instruindo-a a respirar. Dentro e fora, longamente – até que os desconfortos simplesmente desapareciam. Além disso, nada parecia ser mais efetivo para os casos de transtornos ansiosos do que simplesmente respirar. E foi respirando que eu, sem saber na época, entrava em contato pela primeira vez com um universo que mais tarde seria muito significativo para mim: o da **meditação**.

A época em que trabalhei no acampamento foi incrível, de muito aprendizado, exercício de humildade e cura. Mas, como tudo na minha vida até então, deixou de me encantar depois de algum tempo – eu queria mais. Queria ter uma família, marido e filhos. Queria ter uma casa e, se continuasse naquele ritmo e naquela dinâmica, nunca conseguiria ter. Por três anos não tive nenhum namoro que durasse mais do que dois ou três meses, porque logo vinha a temporada e, aí, era um longo mês longe de tudo e todos, completamente incomunicável, acessível apenas por e-mail. Entre uma temporada e outra, eu trabalhava em todos os feriados e em pelo menos um fim de semana por mês, nos plantões de atendimento. Eu estava, sim, ganhando um bom dinheiro com tanto trabalho. Mas a verdade é que nunca na minha vida eu havia feito algo apenas por dinheiro, e essa não seria a primeira vez.

Eu estava com quase 30 anos, solteira, vivendo em uma cidade que não me fazia mais sentido. Arrumei um namorado que morava na praia e, sem pensar duas vezes, pedi demissão e me mudei para o litoral quando eu não podia mais tolerar uma vida em preto, branco e cinza, cercada de prédios por todos os lados. Era hora de ver o céu mais estrelado e, assim que tive a oportunidade, enfiei minhas coisinhas dentro do carro e peguei a estrada.

Enquanto você
não se permitir
sentir as coisas,
elas não farão sentido.

4.

Último dia de trabalho no acampamento. Frio no estômago por não saber o que me espera no futuro, e, ao mesmo tempo, borboletas voando dentro de mim por estar fazendo algo tão significativo e importante quanto isso: buscar o meu rumo. Pode ser que nada dê certo, mas, de verdade, o que sinto dentro do meu coração neste momento é isto: meu caminho é a estrada, o asfalto correndo debaixo das rodas do carro, o coração na boca diante do pôr do sol colorido, o vento batendo no cabelo enquanto caminho de casa até o mercado. Eu não quero mais títulos ou honras, não quero mais o carro do ano, não quero mais gente batendo palma porque eu sou incrível naquilo que faço. Eu quero viver e sinto que do outro lado do canal é para onde eu devo ir. Ao mesmo tempo: por que esta sensação de que, ainda assim, tudo é fuga? De que, na verdade, não estou fazendo nada de novo, apenas repetindo mais do mesmo, apenas colocando outra coisa ou pessoa ou lugar num pedestal de cristal? Algo me diz: cuidado com os pedestais de cristal; eles são frágeis e podem ruir a qualquer momento.

Para onde quer que a gente vá, a gente sempre se leva junto.

No fundo eu sabia – hoje vejo – que estava fazendo a coisa certa pelo motivo errado; mas, naquele momento, era a única coisa que me parecia correta de se fazer. E foi então que, com 29 anos e algum dinheiro na poupança, me instalei na mesma casa de praia de minha família onde eu, um dia, brincara com o gatinho Twispity no quintal. Não fui de mala e cuia – uma vez por semana eu subia a serra para atender os pacientes que eu continuava mantendo na clínica de psicologia. Passava cinco dias por semana em Ilhabela e os outros dois dias em Sampa, em um fim de semana às avessas. Durante dois dias eu trabalhava com meus pacientes em suas problemáticas e, nos outros cinco, cuidava da casa, das minhas plantas, das minhas cachorras. O namoro, meu grande motivador de mudança, acabou alguns poucos meses depois. Mas a minha vida no litoral perdurou – outros namorados vieram e eu continuei em **uma eterna busca por mim mesma**.

Foi um período interessante no qual aprendi a cuidar de mim. Todos os dias eu arrumava minha própria cama e tirava o lixo do banheiro. Eu ia ao mercado e fazia compras e, quando precisava, chamava o encanador ou o eletricista. Eu aprendi a fazer feijão e, a cada dois dias, visitava a horta orgânica de uma amiga em busca de hortaliças e verduras fresquinhas. Parei de comer carne e comecei a meditar. Na época, minha mãe fazia um tratamento holístico com uma terapeuta incrível, e eu, quando estava em São Paulo, às vezes me consultava com ela.

Lembro-me até hoje de quando, em uma de nossas conversas enquanto ela me massageava, ao comentar como me sentia infeliz e inquieta profissionalmente – questionando o quanto a psicologia clássica me servia de fato como instrumento de trabalho –, ela sugeriu: "Já pensou em estudar acupuntura? Minha irmã era psicóloga e acupunturista e seu trabalho era incrível". Fiquei com a ideia na cabeça e, no mesmo dia, ao chegar em casa, me deparei com a mala direta de um curso de formação em acupuntura para profissionais da área da saúde. Pelo que lembro, foi a primeira vez que ouvi a palavra **"sincronicidade"**, da própria terapeuta Marli, quando lhe telefonei para contar o que tinha acontecido. **"Siga os sinais"**, ela completou. E eu segui.

Menos de dois meses depois, eu estava sentadinha em uma sala de aula do curso de pós-graduação em acupuntura, em uma escola de São Paulo. E eu mal fazia ideia de como esse curso seria importante para tudo o que viria na sequência. Na época era só uma rota alternativa a tudo o que eu vinha fazendo e que não fazia sentido para mim – **sentido, sempre ele**. Eu não compreendia que, **enquanto não me permitisse sentir as coisas, elas não fariam sentido**. Eu achava que o sentido das coisas e da vida viria por meio do intelecto, da compreensão e do entendimento, e não percebia que não entendia nada.

Mas sabia de algo: **existia uma percepção, ainda que imatura e não determinada, de que a resposta dos meus anseios estava em mim** – só faltava descobrir como, de fato, chegar lá.

Mudar é sempre
abandonar zonas
de conforto!

5.

Hoje eu contei. Até as 18h foram 185 as vezes em que eu falei a palavra eu (e só até agora, neste parágrafo, foram mais três). Não sei de onde tirei essa conta maluca. Estava conversando com minha mãe hoje de manhã quando de repente me incomodei com o fato de dizer tanto eu, eu, eu, que coisa mais chata tanto eu assim no mundo. Daí comecei a contar. E até agora há pouco foram 185 eus. Nem eu, que sou eu, sou eu tanto assim. Me incomodou. Uma coisa assim, meio autorreferente, meio ego desgovernado, meio autoafirmação. Vou tentar desistir dos eus, pelo menos até o final do dia. Mas será que, algum dia, hoje ou qualquer outro, desistir do eu é possível?

Nessa época eu havia começado a fazer um curso de formação em terapia floral de Minas, em Ilhabela, com uma professora que eu nem imaginava o quanto seria importante e fundamental em minha jornada. Zuma Pavitra foi a primeira discípula de Osho que conheci e quem primeiro me ensinou a meditar de verdade, abrindo os meus olhos para a realidade de que meditar é, apenas, estar no momento presente. As aulas aconteciam uma vez por mês, e eu mal podia esperar para que chegassem logo. Eram momentos em que eu me sintonizava com uma energia diferente, que não sabia muito bem de onde vinha – sabia apenas que me fazia um bem danado. Éramos uma turma praticamente formada apenas por mulheres, que passavam dois dias por mês falando de energias sutis, de processos individuais e das dores e delícias de caminhar na direção da evolução pessoal e do desenvolvimento humano. Eu, que ainda por cima me encontrava insatisfeita com a qualidade de minha prática profissional, finalmente respirava uma brisa diferente, uma brisa que vinha com o perfume das mais belas flores brasileiras.

Esses foram tempos extremamente importantes e únicos em minha temporada morando na praia. Conheci pessoas incríveis e especiais que me apresentaram uma nova forma de compreender o ser humano. Não éramos apenas um corpo físico habitado por uma mente tridimensional. Éramos também seres energéticos, e eu **me sentia cada vez mais íntima de minha própria energia**. Na pós-graduação em acupuntura, eu entendia os processos fisiológicos relacionados ao corpo energético e, no curso de florais de Minas, me confrontava com um mecanismo ainda mais sutil: o vibracional. Aprender e conhecer mais sobre vibrações me permitiria, no futuro, compreender como poderíamos nos transformar em verdadeiras antenas a captar e atrair para nós uma realidade diferente do que estávamos experimentando, mais alinhada e sintonizada com o que gostaríamos de viver. Hoje, olhando para trás, percebo que essa foi a primeira vez que, de fato, entrei em contato com a física quântica.

Eu sentia que algo em mim estava mudando. Não sabia exatamente o que era e nem ao certo como estava acontecendo, mas eu sabia que alguma coisa estava mudando e, de repente, deixei de resistir a ela. As mudanças sempre haviam sido complicadas para mim – na verdade para todos, pois **mudar é sempre abandonar zonas de conforto**. Mas, falando especificamente de mim e dos meus processos, as mudanças me traziam muito sofrimento. Eu sempre havia tido a tendência de tomar uma decisão e mudar algo apenas quando a situação já houvesse se tornado insuportável e algo, de fato, precisasse ser feito com urgência. Caso contrário, se de alguma forma eu pudesse continuar empurrando a situação com a barriga, eu o fazia sem pensar duas vezes.

Mas, nessa época em específico, eu sabia que estava me transformando – e não me opunha, talvez pela primeira vez na vida, a que fosse assim. Muito pelo contrário: eu me sentia tão cansada, sem saber exatamente do quê, que mesmo sem saber aonde estava indo eu sabia que **estava no meu caminho**.

Toda caminhada, por mais longa que seja, começa com um pequeno e primeiro passo. A grande maioria das pessoas sofre porque não consegue enxergar logo de cara como fazer as grandes mudanças que suas vidas necessitam – tudo parece ser tão grande, tão ambicioso, tão definitivo. Dificilmente se consegue enxergar as pequenas atitudes que contam muitos pontos em qualquer processo de transformação. Mas é por meio das pequenas atitudes, das pequenas escolhas e de todos os pequenos passos que o nosso caminhar é feito. Ninguém aprende a correr sem antes, primeiro, aprender a andar – e sem tomar alguns tombos nesse processo. Por que com as outras coisas da vida seria diferente?

Ao mesmo tempo que aceitava a mudança e permitia que ela fluísse, eu enfrentava alguns demônios difíceis de serem exorcizados. Vícios, variados, me atormentavam. Eu fumava mais de um maço de cigarro por dia, rotineiramente fumava maconha e, aos fins de semana, adorava tomar duas ou três doses de vodca com energético. Comia carne e derivados de animais em todas as refeições e, para mim, aquilo tudo era normal. Como meus hábitos não me prejudicavam objetiva ou perceptivelmente, eu não via motivo para modificá-los. Morando na praia, eu conhecia mais pessoas como eu do que belos exemplos de vida saudável, que acordavam cedo todos os dias e iam correr na orla. Muito pelo contrário: meus amigos eram músicos, artistas e boêmios de todos os tipos – fumar maconha era o que havia de mais corriqueiro no assunto "fazer a cabeça".

Vez ou outra, eu tinha uma crisezinha de consciência por não viver o que os livros de medicina chinesa ou vibracional me diziam que era mais saudável e, nessas ocasiões, ia do 8 ao 80: acordava cedíssimo para pedalar 20 km pela manhã, cortava radicalmente o consumo de carnes e bebidas alcoólicas e me sentia muito orgulhosa de mim até chegar o fim de semana, quando tudo voltava a ser exatamente como era antes.

Na época, eu havia começado a namorar outro músico e, então, me confrontava com mais um dos demônios que sempre me atormentaram em relacionamentos anteriores: **a desconfiança e a insegurança sem limites**. Eu tinha absoluta certeza de que ser abandonada era apenas uma questão de tempo. Do mesmo modo como eu me dividia entre São Paulo e Ilhabela, ele se dividia entre o litoral e sua cidade natal, no interior do estado, e os períodos em que ficávamos afastados eram os piores possíveis. Eu tinha pavor de que ele conhecesse outra pessoa e me deixasse. Para completar, ele tinha um relacionamento péssimo com a família, o que fazia com que ele passasse muito pouco tempo em casa – e, sem ter um celular, era absolutamente impossível localizá-lo nos momentos em que eu queria. Por mais de uma vez me vi ligando para amigos e conhecidos para saber se o haviam visto por aí, e foi mais ou menos nessa época que comecei a experimentar sensações físicas extremamente desconfortáveis que, mais tarde, seriam reconhecidas como **crises de ansiedade**.

O namorado, que passava a maior parte do tempo "chapado" de maconha e álcool, tinha pouca ou nenhuma percepção do que se passava dentro de mim e era muito pouco acolhedor quando eu me mostrava descontente e infeliz. Na verdade, hoje vejo, ele pouco ou nada poderia fazer por mim, já que eu escolhia, de modo absolutamente inconsciente, pessoas complicadas e muito pouco sensíveis para me relacionar. Eu tinha tanto medo de tantas coisas desconhecidas que simplesmente não poderia arriscar me relacionar com alguém que me fizesse feliz e vivesse longos anos ao meu lado – e se, no futuro, quando eu tivesse a idade de minha mãe, essa pessoa me abandonasse, exatamente como meu pai havia feito? Na época eu nem fazia ideia dos meus mecanismos de **autossabotagem**, mas eles funcionavam maravilhosamente bem: nenhum de meus relacionamentos ia para a frente e, de certa forma, isso era um alívio sem precedentes – eu sabia o que era sofrer o término de um relacionamento de poucos meses e estava familiarizada com essa dor. De quebra, esse sofrimento me impedia de sofrer o término de um relacionamento longo e repleto de lembranças felizes. **Eu preferia lidar com uma dor conhecida a correr o risco da dor desconhecida.**

Nada disso mudava o fato de que o relacionamento estava péssimo, e eu simplesmente não conseguia fazer nada para sair dele. Em determinado momento, esse meu namorado teve uma briga com o dono do hotel onde morava em suas temporadas na praia, e, sem ter para onde ir, levei-o para minha casa. De repente, meu quarto na casa de praia havia se transformado em um pandemônio musical, com bumbos, pratos e banquetas de bateria espalhados por lugares onde, antes, eu brincava de bonecas. Uma parte minha sentia que a casa, que tantas vezes abrigara todo o meu senso de família, estava sendo profanada. Eu não fazia a menor ideia de como continuar o relacionamento sem que isso significasse desprezar completamente minhas frustrações e inquietudes, colocando-o em primeiro plano sempre.

Apesar de estar praticamente morando comigo, ele tinha muita dificuldade de assumir o relacionamento como algo sério, e, por diversas vezes, brigamos feio. Em uma ocasião, simplesmente dei um tapa na cara dele em público, em uma casa noturna onde ele havia acabado de fazer uma apresentação. O motivo? Até hoje não consigo me lembrar. A combinação maconha + vodca + energético tinha a habilidade única de me fazer esquecer aquilo pelo que minha mente não gostaria de se responsabilizar.

Eu sabia que tinha que parar – eu realmente sabia, eu sabia que tinha que parar. Precisava terminar aquele relacionamento, mas não conseguia, queria abandonar os cigarros, mas, quando via, estava fumando. Eu queria parar de fumar maconha: as *bad trips*, momentos em que me tornava melancólica e depressiva ou irritadiça e agressiva, eram cada vez mais frequentes. Eu queria mudar meus hábitos alimentares, me sentia culpada todas as vezes que comia carne porque eu amava os animais. Mas eu não conseguia – eu não conseguia parar com nada disso. Os hábitos eram fortes demais, os amigos não ajudavam, minha insegurança e ansiedade não me deixavam ir muito longe em **minha luta contra os demônios que eu sentia que me habitavam**.

Eu me sentia um fracasso na maior parte do tempo. Tudo o que eu queria era ser saudável e feliz – e não me sentia nem uma coisa nem outra. E, para piorar a situação, ainda **encontrara no ingrato papel de vítima a posição perfeita para conseguir a atenção das pessoas.** Inúmeras foram as vezes em que me senti diminuir minha própria força apenas para que alguém – e tanto fazia quem fosse – se oferecesse a me proteger e a cuidar de mim.

Eu só não percebia que a pessoa a me proteger e a cuidar de mim tinha que ser eu mesma.

Temos enorme dificuldade
em romper
velhos hábitos.

6.

Eu quis que tudo fosse muito perfeito; mas como nada é perfeito, eu quis que tudo fosse de mentirinha e que a verdade fosse escondida debaixo da cama, dentro da caixa de sonhos adormecidos. Todos, todos os meus medos foram guardados debaixo da cama, camuflados pelos meus discursos de vitória, à sombra das minhas dúvidas. Já fingi ser corajosa e hoje admito: já fingi fraqueza e covardia também, apenas para que alguém viesse e me dissesse: "Eu cuido de você, não há com o que se preocupar". Mesmo que fosse de mentira, mesmo que os dedos estivessem cruzados em figas atrás das costas ou dentro dos sapatos surrados. Mesmo que eu não acreditasse nem por um segundo que a promessa fosse verdadeira – que me prometessem. Tudo o que eu mais queria era alguém em quem confiar.

Hoje, enquanto escrevo estas palavras olhando para trás e me lembrando do passado, percebo que o sentimento que mais me assolava e me preenchia de todas as formas sempre foi a **solidão**. Eu me sentia absolutamente só com meus pensamentos, com minhas dúvidas e inseguranças, eu me sentia um espécime em extinção porque não conhecia pessoas com as quais pudesse dividir o que se passava dentro de mim – ao menos, esta era a minha sensação.

O “pulo do gato” era que eu não me mostrava como verdadeiramente era, então se tornava extremamente difícil encontrar semelhantes.

A minha busca pela perfeição era tamanha que eu não me permitia ser boa. E, como não era perfeita – quem o é? –, eu me disfarçava e me camuflava. Não dizia o que pensava por medo de magoar as outras pessoas e, por causa de minhas atitudes, deixar de ser amada. **Não colocava um fim nos relacionamentos falidos porque meu medo da solidão era tão grande**, mas tão grande, que eu preferia estar mal acompanhada a ficar só. E mais: não buscava ajuda para meus anseios e minhas angústias porque buscar ajuda seria reconhecer que eu não estava “dando conta do recado”; seria a cereja no topo do bolo enfeitado com os dizeres “Não consegui ser perfeita”.

Medo, medo, medo – o sentimento que me dominava era o medo. Pensando hoje, o maior deles era o de não ser motivo de orgulho para meus pais, em especial para minha mãe. Nosso relacionamento havia se transformado em uma verdadeira guerra depois do divórcio, em virtude da depressão que ela enfrentou após a separação e de minhas dificuldades em lidar com isso. Agora nossa relação estava lentamente se encaminhando para algo mais saudável e satisfatório para ambas as partes, mas eu sentia muita culpa por não ter sido mais amorosa, compreensiva e acolhedora com ela no passado e ficava, continuamente, tentando remediar a situação em busca de aprovação. E minha mãe, filha de uma lituana não muito chegada a manifestações de afeto, nunca correspondia às minhas expectativas no que se referia a demonstrar o quanto eu era especial e o quanto ela me amava. Eu me sentia frustrada por não obter o reconhecimento que desejava, não percebia que suas formas de demonstrar afeto e carinho eram outras e, então, sentia que eu a frustrava. Afinal, eu tinha 31 anos, ainda buscava meu caminho profissional, não era casada nem tinha filhos – e estes eram, para mim, os símbolos de alguém que havia "dado certo na vida" e que, por isso, era merecedora do amor dos demais.

Na verdade, eu **buscava o amor das pessoas como se este fosse o único objetivo da minha vida**. Depois de alguns anos, pude perceber como eu escolhia a dedo pessoas para me relacionar que, desde o início, demonstravam que não seriam capazes de me dar o que eu queria receber. Então eu me tornara especialista na incrível arte de me adaptar àquilo que eu imaginava ser a expectativa do outro – como se eu fosse de massinha, não tivesse um formato próprio.

Entretanto, essa era uma dinâmica absolutamente sádica, da qual eu sempre saía perdendo. **Eu não era de massinha; eu tinha um formato próprio.** Com o passar do tempo, bancar o jogo de "sou o que você quiser que eu seja" se tornava impossível e eu acabava me revelando como era de verdade, em especial no campo amoroso. E, então, o outro não me queria mais – afinal de contas, não era por essa pessoa que ele havia se apaixonado, nada mais justo do que querer a "velha Flavia" de volta! O relacionamento se tornava insustentável, até o ponto em que eu não podia mais empurrar o desconforto com a barriga e, então, tinha que me posicionar. Eu sempre era aquela a terminar os relacionamentos, mas o que ficava era **a sensação de que eu havia sido abandonada pelo outro ao me revelar de verdade**. Essa sensação reforçava ainda mais minha crença de que eu não podia demonstrar minhas fragilidades e vulnerabilidades; caso contrário, seria abandonada.

Eu tinha absoluta consciência de que estava presa a um ciclo vicioso, mas não fazia a menor ideia do que deveria fazer para sair dele. E, enquanto o tempo passava, eu continuava me relacionando com as pessoas erradas, fumando enlouquecidamente, bebendo todos os fins de semana e fumando meu baseadinho de quando em quando. Apesar de me sentir absolutamente destoante de tudo aquilo que eu queria para mim, de tudo o que eu aprendia em meus cursos de medicina chinesa ou de terapia floral, eu estava absolutamente de acordo com o que todos à minha volta faziam. Todos os meus amigos eram como eu – nossas desilusões amorosas viravam motivo de chacota, nossa eventual falta de grana era contornada com almoços coletivos que barateavam a nossa vida e todas as nossas frustrações se transformavam em drinques e mais drinques nas noites de sábado. A ressaca do dia seguinte era tratada a banhos de mar e partidas de frescobol – estava tudo certo.

Temos enorme dificuldade em romper velhos hábitos. Por mais que percebamos o quanto eles são negativos e como atrasam nossa vida, permanecemos amarrados a comportamentos que, lá no fundo, sabemos que precisarão ser abandonados, mais cedo ou mais tarde. Nos enganamos. Nos distraímos com outras coisas, passatempos que apenas fazem passar o tempo, sem nos dar conta de que, mais cedo ou mais tarde, teremos que agir diferente. Teremos que abandonar determinado vício. Encerrar determinada relação. Falar determinada coisa a determinada pessoa, e, raios, isso vai doer. Mas no fundo de nós mesmos, sempre sabemos o que devemos fazer: o que nunca fizemos. **O que nunca tivemos coragem.**

Busque seus caminhos onde quer
que sinta vontade, mas nunca se esqueça:
o caminho é seu e de mais ninguém.
E seu coração sempre será
seu ponto de partida.

7.

Eu quero fazer uma viagem. Longa. Sozinha. Para longe. Eu quero me ver diante de outros cenários, outras paisagens, outros tons de azul no céu e no mar. Eu quero ver as estrelas de um ângulo diferente, talvez enxergar a Ursa Maior em vez do Cruzeiro do Sul. Quero ver a natureza em outras cores e texturas, quero ouvir cantos de pássaros que eu não conheço, quero ser picada por insetos desconhecidos. Quero ter outra cor na minha pele, seja ela qual for. Quero ouvir novas vozes, novas canções, novas batidas. ***Não quero mais do mesmo.*** *Quero o outro, o sublime, o que transcende, não quero mais só o que esquenta. Ando precisando de vento na cara e cabelos voando, ando desesperada por lugares novos aos quais eu chegue usando apenas as minhas próprias pernas. Ou minhas próprias asas. Quero esquecer estas bolas de ferro que às vezes sinto segurarem meus passos e que estranhamente me fazem desconfiar de que estão aqui graças às minhas próprias mãos. Como se eu mesma tivesse armado uma excitante trama de suspense ou mistério para a minha vida, eterna masturbação mental sem nunca alcançar o gozo.* ***Eu preciso esquecer. E, ao mesmo tempo, preciso me lembrar para sempre.***

Seu alinhamento consigo mesmo depende única e exclusivamente de você. Busque mestres, inspirações, metáforas e parábolas que deem sentido à sabedoria universal esquecida, porém nada fará sentido para você se você não senti-las. Sentido: as coisas, quando verdadeiramente compreendidas – não apenas entendidas ou pensadas –, fazem sentido. Por que, então, viver dentro da mente em vez de viver no espaço de amorosidade que existe em você? Busque seus caminhos onde quer que sinta vontade, mas nunca se esqueça: o caminho é seu e de mais ninguém. **E seu coração sempre será seu ponto de partida.**

Lembro-me como se fosse ontem: em uma noite de inverno, acordei suando e com falta de ar. Meu coração parecia que ia sair pela boca e eu mal consegui andar até a cozinha para tomar água. Pensei um milhão de vezes em acordar minha mãe ou minha irmã, mas não queria dar trabalho nem preocupar ninguém. Sozinha, em meu quarto, praticando as respirações que eu havia aprendido na meditação com minha mestra de florais, consegui me acalmar.

Era uma noite qualquer, em um dia qualquer de uma semana qualquer, sem que nada de especial houvesse acontecido. Nada estava acontecendo de errado e, para falar a verdade, eu estava começando a me sentir mais saudável e feliz do que em muito tempo não sentia. Eu continuava com meus velhos hábitos, era verdade. Mas estava me alimentando de mais verduras, legumes e frutas do que nunca. Havia começado a fazer acupuntura e estava caminhando todos os dias, em Ilhabela ou em São Paulo.

Havia, finalmente, colocado um ponto-final no então namoro da época, mas não havia conseguido me desligar completamente do rapaz.

Mas as coisas estavam caminhando, e a relação com minha mãe era a melhor possível em anos! Ela estava namorando com um antigo colega da faculdade, e eles eram meu mais novo casal preferido no mundo, a caminhar de mãos dadas na praia depois de jogar um pouco de Sudoku à sombra de uma árvore. Meu pai, casado pela segunda vez, havia tido um novo filho, e meu irmãozinho, João Pedro, era minha nova paixão. Eu tinha conseguido construir uma rotina de estudos disciplinada e me dedicava horas por dia a mergulhar em meus livros de medicina chinesa e de terapia floral. Estava atendendo alguns pacientes em Ilhabela e me sentia muito bem por estar sendo, de fato, bem mais produtiva nos últimos tempos. Então, por que aquela suadeira, falta de ar e sensação de nó na garganta em plena madrugada, em uma semana qualquer, sem que nada de incomum tivesse acontecido?

Na mesma semana fui para a acupuntura e recebi do médico chinês o diagnóstico que eu mesma poderia ter me dado se tivesse parado para pensar cinco minutinhos a mais no que tinha acontecido: **eu tinha tido uma crise de pânico**. Não uma crise de pânico como aquelas nas quais as pessoas sentem que vão morrer, que algo ruim vai acontecer com elas, que vão ter um ataque cardíaco – em momento nenhum essas coisas passaram pela minha cabeça. Mas havia sido uma crise de pânico, em plena madrugada, sem que nada de estranho a tivesse motivado; ao menos não diretamente.

Eu fiquei chocada diante da constatação do óbvio; justamente quando eu pensava que estava melhorando! Justamente quando havia começado a colocar minha vida nos eixos, o meu psiquismo idiota havia resolvido "dar pau". Eu não podia acreditar naquilo, mas, como confiava enormemente em meu médico acupunturista, segui sua recomendação e busquei uma psicóloga de quem ele já havia comentado algumas vezes. Menos de uma semana depois, lá estava eu sentadinha na sala de espera da psicóloga transpessoal Monika von Koss.

Não posso negar: sempre tive muita sorte no que se trata de profissionais e mestres a me acompanhar e iluminar a jornada. E, naquele momento, a Monika era exatamente a terapeuta de quem eu precisava. Estudiosa de bioenergia e especialista no Sagrado Feminino, ela me ouviu absolutamente calada falar durante quase uma hora em nossa primeira sessão. E, depois que eu finalmente me calei, cruzou as pernas, arrumou o cabelo grisalho em um grampo e pigarreou antes de dizer: **"Você sabe que essa dinâmica que você tem na sua vida é codependência, né?"**.

Oi? Não, eu não sabia. E não fazia a mais vaga ideia do que isso significava – mas sabia que não devia ser nada muito bom, a julgar pela expressão no rosto de minha mais nova terapeuta. Eu não sabia, nunca tinha ouvido falar no assunto, tinha raiva de quem sabia do que se tratava e mais: algo me dizia que eu não estava pronta para o que viria em seguida – e o que veio foi mais ou menos assim:

"Você é a salvadora da pátria da vida de todo mundo, não é assim? Você se dedica a ajudar todas as pessoas e a ser bacana com todo mundo e não admite nem tolera decepcionar ou frustrar alguém. Você se arremessa nessa luta gigantesca para que todos gostem de você, mesmo que, para isso, você tenha que deixar de ser quem verdadeiramente é. Se por acaso não consegue, você fica arrasada e se sente culpada. E mais ainda: sua tendência é se relacionar com vítimas, com pobrezinhos e coitadinhos de mim, com pessoas que nitidamente não vão lhe dar o que você precisa, mas você se lança nessa busca por amor e afeto mesmo assim, disposta a consertar os defeitos dessas pessoas. Você acha que elas apenas são como são porque ainda não haviam cruzado o seu caminho; você acha que se você se esforçar um pouco mais vai conseguir que as pessoas sejam como você quer que elas sejam; você tem certeza de que quando você conseguir ser boa o suficiente... aí sim vai ter, enfim, o que quer ter. Só não percebe o quanto, nessa luta e nessa busca, você abandona suas próprias fragilidades para tratar das fragilidades dos outros. Você não olha para a vítima que existe dentro de você porque está ocupada demais em se relacionar com a vítima que existe no outro. Não percebe que tenta ser desesperadamente a salvadora da pátria dos outros quando, na verdade, a única pátria que podemos salvar é a nossa própria. Sim, isso tem nome, e é codependência."

Cinco minutos depois eu saía do consultório, absolutamente estarrecida, sem sentir direito os pés. Eu era uma codependente havia mais tempo do que conseguia me entender por gente e nunca tinha ouvido falar no assunto.

Logo na noite seguinte, lembro-me de ter tido um sonho com uma simbologia tão escancarada que rendeu sessões e sessões de terapia. No sonho, eu era uma listra azul de um pijama listrado de azul e branco. **Eu era longa, interminável, me perdia em mim mesma.** E lembro-me de estar angustiada porque eu me sentia muito sozinha ali, uma listra azul aprisionada entre duas listras brancas, intermináveis, que igualmente se perdiam em si mesmas. Eu queria desesperadamente dar as mãos para as listras azuis, ao mesmo tempo tão perto e tão longe de mim; estavam ali, logo depois das listras brancas. Eu sabia que as listras azuis também queriam estar perto de mim, mas não podiam por causa das listras brancas. Malditas listras brancas! E, de repente, vi uma tesoura se aproximando de mim, lentamente vindo na minha direção, cortando, cortando, cortando... me separando das listras brancas e, então, eu sentia muito, muito medo de estar sozinha. Muito, muito medo da situação piorar e, em vez de pelo menos ter as listras brancas, que não combinavam comigo em nada, eu ficar absolutamente sozinha. Eu poderia sobreviver sozinha? Não conhecia outra realidade; desde que me entendia por listra, as brancas estavam ali. Eu não sabia como seria ser, enfim, uma listra sozinha. Mas a tesoura seguiu implacavelmente listra acima, e, quando me dei conta de que estava sendo separada das outras listras que não tinham nada a ver comigo, senti um terror tão grande que acordei apavorada e suando frio.

Mais uma vez ele: **o medo**. Um medo profundo e extenuante da solidão – e os símbolos que meu inconsciente havia escolhido para me mandar o recado não podiam ter sido mais claros. Um pijama: só usa pijama quem está dormindo, e eu estivera profundamente adormecida para minhas verdadeiras questões havia mais tempo do que eu gostaria de admitir. Eu e minha patética e inútil tentativa de ser perfeita para, enfim, ser amada pelas outras pessoas da forma como eu gostaria de ser amada. Não adiantava vir de qualquer jeito esse amor, tinha que ser do meu jeito. E, quando o amor do outro não vinha da maneira como eu queria, não era porque o outro amava da forma que sabia amar: **era porque EU não havia feito o meu melhor**. Era porque EU não havia, ainda, sido boa o suficiente. Um baita delírio de arrogância e prepotência! Então, se o relacionamento dava errado e a culpa era sempre minha, isso queria dizer o que, no caso inverso? Que se desse certo o mérito seria só meu? Quem eu achava que era? O umbigo do Universo?

Não, eu não era o umbigo do Universo – aparentemente, para o meu inconsciente eu era apenas uma listra azul. Azul sempre fora minha cor preferida, então nada mais natural do que eu ser uma listra azul. Só que, em um tecido listrado, as listras azuis sempre correm paralelas, sem nunca se encontrar – e é assim com as pessoas que, como eu, seguiam adormecidas pela vida. Adormecidas e entorpecidas pelos vícios da alma e do corpo, olhando mais para o outro do que para si. **Os adormecidos não encontram seus semelhantes, pois, se não estão despertos para quem são de verdade, como podem encontrar pessoas que sejam como eles próprios?** Os adormecidos eram como eu, uma listra azul, cercada de listras brancas sem nunca poder dar as mãos a quem lhe era semelhante. Eterna solidão, eterna má companhia.

Até que ela chegou: a tesoura. Ela era uma representação clara de minha nova terapeuta que, sem nenhum tipo de "preliminar", já havia chegado cortando minhas crenças e teorias tão bem fundamentadas sobre mim mesma. E a tesoura vinha, implacável, cortando tecidos e separando a listra azul das brancas, em caráter definitivo: eu nunca mais poderia voltar a ser quem era. Eu nunca mais poderia jogar o jogo dos adormecidos. Eu tinha que olhar para mim, para as minhas próprias feridas, para o meu medo do abandono e da solidão. E eu não podia fazer isso de outra forma que não fosse estando só.

Bem, "Conhecereis a verdade, e a verdade vos libertará", havia dito Jesus, 2 mil anos antes. E eu nunca rezei tanto para que isso fosse verdade.

Você não merece
e nem deve aceitar
NADA MENOS
do que ser amado
integralmente.

8.

Ela tinha quase 5 anos. Brincava com a filha da empregada na varanda da frente, bonecas espalhadas em volta e alguns cubos de madeira empilhados a torto e a direito, jogados ali pelo chão. Ele não acompanhara a conversa inteira desde o início, entretido que estava na leitura de seu jornal. "Seu." Era "seu" café da manhã, "sua" caminhada matinal, "seu" barco a colocar na água ao final do dia. Para tanto "seu" assim restava pouco espaço para o "nosso", mas ele não se dava conta disso, não ainda. Essa compreensão se daria apenas dali a muitos anos, numa vida que lhe pareceria ser outra.

"Não se preocupe se seu pai não tem dinheiro", dizia ela, a vozinha infantil animada e otimista. "Eu ainda não tenho dinheiro, mas um dia vou ter e quando eu tiver eu te compro a boneca que você quiser." A outra menina dissera alguma coisa que ele não computara porque era a época dos "seus", e ele ouvia apenas o que "sua" filha dizia. E ela continuara, enquanto acariciava a bochecha de um cachorrinho de pelúcia, um de seus primeiros brinquedos, presente de um dos tios: "Sim, não se preocupe, eu te dou. Te dou a boneca e te faço feliz".

Ele sorriu, baixando o jornal por um breve momento, fitando a filha. Sua primeira filha, e era com ela que ele estava aprendendo a ser pai. A menina era especial, ele sabia, e foi este justamente o pensamento que ele teve quando a ouviu tão precocemente se responsabilizar pela felicidade de outra pessoa. Sua filha era especial, e, na época, ele não era capaz ainda de se dar conta de que sua constatação fazia dele um pai especial.

Viu-se inundado por uma onda de amor dirigida àquele pequeno ser que brincava inocentemente na varanda da casa, após o café da manhã, enquanto esperavam que o vento leste aumentasse para que pudessem velejar. Era um dia de sábado ensolarado, perfeito, assim como perfeita acreditava ser a sua vida, até aquele momento. Na época, não se dava conta de que o descontentamento se avolumava dentro do peito e crescia tal qual um câncer, cujo processo de cura ele apenas iniciaria quase duas décadas depois.

Lá fora, a conversa continuou: "Tem alguma coisa mais que eu possa fazer para te deixar feliz?", continuou ela em sua gentil voz de soprano. Ele sentiu um desconforto naquele momento, um desconforto que não podia entender e muito menos explicar naquela época. Apenas muitos anos mais tarde ele se lembraria desse dia, dessa frase em específico, mas naquela época ele ainda não era capaz de separar o joio do trigo, era jovem e inexperiente e não percebeu.

Não percebeu, então não comentou com a esposa, sua companheira havia mais de dez anos, que àquela altura do campeonato ostentava uma gravidez de quase oito meses.

Não percebeu, não comentou nada, o vento chegou e ele velejou, depois passearam e tomaram sorvete e, ao final do domingo, voltaram para casa e para a vida que todos julgavam ser perfeita sem se dar conta de nada.

Sem se dar conta de nada.

Os tempos de terapia com a Monika foram repletos de riquíssimos *insights*, como esse compartilhado em meu diário, resgatado a partir de uma conversa com meu pai a respeito da temática da codependência. A história pode ser profundamente ilustrativa, mas de fato não era necessária para admitir com toda a certeza do Universo que eu sempre havia demonstrado características claras desse transtorno emocional. Por meio da leitura do livro *Codependência nunca mais*, de Melody Beattie, me identifiquei mais ainda e comecei a ligar alguns pontos entre minhas dinâmicas codependentes e meu passado infantil e adolescente.

As percepções aconteciam em uma velocidade espantosa, e a cada dia parecia que eu me aproximava mais e mais daquilo que eu sentia ser meu potencial. Comecei um tratamento para parar de fumar (eu ainda pararia e voltaria a fumar umas três ou quatro vezes até largar o vício definitivamente, mas era a primeira vez que eu fazia alguma coisa de verdade para abandonar o hábito), passei a meditar com mais frequência e me distanciei de algumas amizades que, eu agora tinha certeza, eram pautadas apenas em dinâmicas destrutivas de codependência que pouco ou nada me acrescentavam.

E quanto mais eu pedia por autoconhecimento, mais ele vinha. Comecei a frequentar o templo zen-budista da Monja Coen, no bairro de Higienópolis, em São Paulo, e, a cada nova Sanga, eu me deparava mais e mais com aspectos meus que, até pouco tempo atrás, eram profundamente negados. Foi uma época maravilhosa, de muito aprendizado – **parecia que o Universo estava, finalmente, falando amém para minha decisão de começar a construir, a qualquer custo, a pessoa que eu queria ser**.

Mais tarde eu entenderia que, quando você se dedica corajosamente a ser quem é, independentemente do quanto tenha julgado e criticado partes suas no passado, o Universo inteiro se regozija: é como se a totalidade fosse profanada cada vez em que decidimos dar as costas para partes nossas das quais não gostamos – oras, se abandonamos a nossa própria totalidade, como tudo que é pode continuar sendo tudo que é? Fica faltando algo. E, quando você se dedica a ir atrás desse algo dentro de si mesmo, a existência inteira volta a ser exatamente o que tinha que ser.

Era exatamente isso que eu sentia: tudo estava voltando a ser como deveria. Como se, após um longo e tenebroso inverno, alguns tímidos raios de sol voltassem a iluminar o horizonte. **O meu horizonte.**

Todos nós contemos, em nossa essência, a semente de Yin Yang: Sombra e Luz. Somos segmentados, pois há anos a sociedade e os valores vigentes vêm, por meio de nossos professores, pais e amigos, invadindo nossa essência divina e eterna e nos separando em dois: "Isso pode ser mostrado, e vai ser valorizado e amado. Mas isso aqui é bom varrer para debaixo do tapete; isso aqui é melhor manter escondido, bem lá no cantinho, debaixo de todas essas características positivas. Por esses motivos aqui, talvez você não seja amado como gostaria. Esconda-se, apague a luz". E é isso que temos feito, a vida inteira, certos de que cumpríamos bem a tarefa. Até que um dia você descobre que não é bem assim. Até que um dia sua Sombra te pega pelos cabelos e te enfia na frente de um espelho e diz: "Você achou que eu não estava mais por aqui? Enganou-se. Sou eu quem te domina, e você nem sabia disso". **Está na hora de nos integrar.** Está na hora de nos juntar: Luz e Sombra, finalmente, juntas. Pois na Sombra reside grande poder, ao qual temos renunciado na tentativa de ser perfeitos para os outros, na intenção de ser amados e valorizados por Deus e todo mundo – temos nos esquecido de nós. De que adianta ser amado pela metade? De que adianta ser aceitos sem ser quem somos por inteiro? Com nosso Yin e nosso Yang, nossa Sombra e nossa Luz, nossas forças e fragilidades? Se o outro te abandonar porque você revelou suas fragilidades, agradeça – **você não merece e nem deve aceitar NADA MENOS do que ser amado integralmente**. E vamos seguindo nesta pegada: não existe outro modo de matar a escuridão que não passe por jogar luz sobre ela.

Na pós-graduação não se falava em outra coisa a não ser na viagem de estudos para a China, que seria realizada em novembro daquele ano. Eu não tinha dinheiro para ir, mas minha mãe, que testemunhava minha luta por paz, me incentivou: ela pagaria a viagem. Eu mal podia acreditar e, quando entrei naquele avião rumo ao desconhecido Oriente, não fazia a menor ideia de como aquela viagem seria decisiva e mudaria minha vida para sempre.

Foram apenas três semanas, que mais pareceram ser três anos: **tudo, dentro de mim, mudou**. Todo o vazio que eu sentia habitar o meu interior foi banido para longe. Eu estava exatamente onde tinha que estar, fazendo exatamente o que gostaria de estar fazendo. Era a primeira vez na minha vida que eu experimentava a certeza absoluta de que estava vivendo exatamente o que deveria estar vivendo. Minha presença no aqui e agora de cada momento na China foi tão grande que eu nem senti saudades de casa. Tudo o que eu era estava lá, e absolutamente nada me faltava.

Foi impressionante como eu me adaptei aos hábitos chineses e, ao final das três semanas, até já entendia algumas coisas em mandarim. Não me pergunte como, nem eu sou capaz de entender. O fato é que eu nunca havia experimentado uma sensação de familiaridade tão grande com um lugar como senti com a China. É como se minha alma finalmente descansasse, depois de muito perambular por lugares os quais não conseguia chamar de seu.

Minha sensação de encantamento com a China e a medicina chinesa foi tão grande que, três meses depois de ter voltado ao Brasil e me formado na pós-graduação, fiz a única coisa que poderia ter feito: vendi meu carro, encerrei minhas atividades com meus pacientes, enfiei as roupas das quais mais gostava dentro de uma mala e me mudei, por tempo indeterminado, para a República Popular da China.

consciência

Arrisque novamente!

Quanto vale seu sonho?

9.

A vida toda é uma questão de escolhas, mesmo que nem sempre a gente saiba que esteja escolhendo algo. Eu prefiro as escolhas leves, claras, quase sem brilho, que mal pesam nas costas e muito menos na consciência. Mas em alguns momentos da vida é preciso escolher entre o Tudo e o Nada, e essas escolhas às vezes são pesadas, chumbo, enegrecidas pelo peso das responsabilidades envolvidas. São escolhas das quais não se volta atrás. Decidir a hora de fazer tais escolhas é tarefa complicada, de fato sofrida; o medo do arrependimento é grande e a cabeça chega a latejar quando se pensa nas consequências a médio e longo prazo. É preciso ter uma balança interna: um dos pratos mede os medos; o outro, o incômodo desconforto de continuar na zona de conforto. Acontece que o medo é o antônimo de zona de conforto, e, quando o incômodo vence a fobia, é hora de se posicionar e dizer em alto e bom tom: "Eu faço as minhas escolhas, me responsabilizo por elas e decido o que quero para o meu mundo". Pois bem. Aqui vamos nós.

Visão. Objetivo. Falha? Tente novamente. Não existem erros, apenas resultados. Se o que você escolheu não foi o mais eficiente, escolha outro. O mundo é bem maior que o seu umbigo para que tudo o que existe no Universo equivalha a um sucesso ou fracasso seu.

Tentou e não conseguiu? **Arrisque novamente. Quanto vale seu sonho?**

Passei exatos 6 meses e 24 dias na China. O que era para ter sido inicialmente uma temporada de três meses, durante os quais cursaria o módulo avançado de medicina chinesa na Universidade de Xangai, se transformou no dobro de tempo e em cinco vezes mais experiência do que imaginei a princípio.

Foi difícil, muito difícil. Em inúmeros momentos me senti tão sozinha que não foram poucas as vezes em que eu entrava no meu quarto, no dormitório de estudantes estrangeiros da universidade, me enfiava debaixo do chuveiro e chorava. Em alguns momentos, eu me questionava o que raios estava fazendo ali, mas na maioria das vezes eu apenas me sentia muito, muito pequena, insegura e inexperiente para o tamanho e intensidade das experiências que eu estava vivendo.

Na maior parte do tempo, eu sentia que estava exatamente onde tinha que estar, fazendo exatamente o que tinha que fazer. Eu tinha aulas teóricas na universidade pela manhã e, na parte da tarde, estagiava em uma clínica afiliada. Fiz grandes amigos, conheci pessoas que nunca mais saíram da minha vida e cresci horrores como ser humano – de modo muito sofrido, é verdade. Todos os meus complexos e os meus demônios infantis e adolescentes saíram de suas tocas e, em inúmeras vezes, me senti a mesma pessoa que fui em momentos anteriores de minha vida: desamparada, excluída, menos importante. Mas eu tinha uma certeza enorme: **para que o ouro fosse purificado, era preciso enfrentar o fogo. E, para que eu me transformasse em algo mais pleno, era necessário ultrapassar os obstáculos que se apresentavam diante de meus olhos.**

Minha experiência na China foi amplamente retratada por meio de uma coluna mais ou menos semanal que eu mantinha em uma revista virtual para a qual escrevia de quando em quando. Assim que a revista saiu do ar, meus relatos se transformaram no e-book *Tesouros da China*. Mas a verdade é que o impacto psicológico e emocional de ter vivido aqueles meses no império vermelho não pode ser descrito de forma alguma por palavras: **elas sempre, inevitavelmente, faltarão**.

Depois de ter concluído a especialização, alguns amigos e eu começamos a estagiar de modo independente com médicos que conhecemos ao longo da jornada. Três deles deixaram marcas profundas em mim: dr. Wang, quem primeiro me apresentou as raízes e origens taoistas e energéticas da medicina chinesa; dr. Li, com quem tive minhas experiências iniciais com as modalidades tradicionais de Qi Gong (métodos de circulação de energia pelo corpo com a finalidade de trazer saúde e bem-estar para os praticantes, bem como a cura de diversas doenças); e talvez a experiência mais especial de todas, dr. Zhu Yi, com quem entendi a importância da meditação. Todos esses médicos me conduziram, com mãos atentas e cuidadosas, para boa parte do meu futuro. Seria graças a eles que eu me iniciaria em filosofia taoista, que me tornaria instrutora de Qi Gong e que difundiria a importância da meditação em vídeos na internet. Sem eles, nada do que vivo hoje estaria acontecendo.

Tomar a decisão de voltar ao Brasil não foi fácil – a China me acrescentava muitas coisas. Eu adorava estar acordada naquela hora do dia em que o vento soprava anunciando o início de mais uma manhã. Eu adorava caminhar, bem cedinho, nos parques e nas praças próximos à minha vizinhança em Xuhui e testemunhar dezenas de velhinhos e velhinhas fazendo Qi Gong ou Tai Chi ao nascer do sol. Eu aprendi a amar os chineses e sua cultura, por vezes tão contraditória e paradoxal. **E, acima de tudo, aprendi a amar e a confiar mais em mim mesma, como nunca havia feito antes.**

De certa forma, eu tinha medo de voltar ao Brasil, mas sabia que meu tempo no grande Império do Meio já havia acabado: meu irmãozinho crescia enquanto eu estava longe e foi apenas estando do outro lado do mundo que compreendi a importância que minha família tinha para mim. De certa forma, acho que sempre quis provar para mim mesma que eu conseguia sobreviver longe de todos que eu amava. Pois bem: havia provado que conseguia. Porém, de repente, descobri que não queria mais.

Estamos sempre projetando
nos outros as nossas próprias
questões e quase nunca
nos damos conta disso.

10.

Pessoas e suas bagagens – para onde será que vão todas elas? Eu as observo todas em um voyeurismo explícito, sentada aqui onde estou; nem ao menos busco disfarçar minha curiosidade. Já houve um tempo em que, se eu estivesse sentada observando alguém, exatamente como estou, e a pessoa dirigisse seu olhar em minha direção e me flagrasse em minha curiosidade, eu rapidamente desviaria meus olhos, fingindo olhar em outra direção. Hoje, se alguém testemunha minha observação silenciosa das pessoas e de suas bagagens e me fita, eu apenas sorrio. Penso que passei tempo demais disfarçando, tentando ser alguém que eu não era, como se ser pega em flagrante olhando para alguém fizesse de mim alguém pior ou menos bom. Antes meu escudo era minha indiferença, hoje é meu sorriso. Até um dia em que não haverá mais necessidade de escudos. Amém.

Nunca fazemos ou deixamos de fazer algo por causa dos outros. É sempre, sempre, por causa de nós mesmos e do que pensamos que os outros vão pensar de nós ou sentir por nós. **O fato é que estamos sempre projetando nos outros as nossas próprias questões e quase nunca nos damos conta disso.** Quando você faz algo e acha que o outro vai pensar *xyz* de você, é porque você pensaria *xyz* se visse o outro fazendo o que você está fazendo. E, se você tem medo que o outro sinta por você determinado sentimento diante de alguma atitude sua, na verdade isso é o que você sentiria pelo outro caso testemunhasse atitude semelhante. Passamos tempo demais na vida olhando para os outros e não percebemos que o jogo todo acontece dentro de nós. Somos nós; o tempo todo somos nós.

Minha volta ao Brasil não poderia ter sido mais conturbada. Eu havia sido convidada por um antigo professor da pós-graduação para dar aulas em sua recém-inaugurada escola de medicina chinesa, mas, às vésperas do curso, ele foi cancelado por falta de quórum. Eu estava determinada a trabalhar como acupunturista, me sentia totalmente distante da psicologia; entretanto, eu não tinha um espaço próprio para atender e nenhum dos currículos que deixara pelas clínicas do bairro havia gerado retorno. No Brasil, as discussões em torno do Ato Médico, que visava, entre outras coisas, restringir a acupuntura apenas a profissionais formados em medicina, estavam calorosas e era um péssimo momento para uma psicóloga acupunturista resolver começar a procurar emprego em uma clínica médica. Depois de muito procurar e conversar com as pessoas, comecei a dividir uma sala em uma casa em São Paulo com uma psicóloga conhecida e, paralelamente, comecei a atender como acupunturista no spa da esposa de um amigo, em Ilhabela.

Foram tempos extremamente corridos e sacrificados. Eu não tinha dinheiro e, contando com a ajuda de minha mãe, comprei uma maca e dois ou três outros pequenos móveis para adaptar uma sala de psicologia a um consultório de acupuntura. Comecei a realizar atendimentos também no estúdio de pilates da fisioterapeuta de minha mãe. Atendia em São Paulo dois dias por semana e os outros três em Ilhabela, porém não tinha mais um automóvel – que havia sido vendido quase um ano antes para financiar minha temporada na China – e vivia percorrendo os quase 400 km de ônibus, somando ida e volta, todas as semanas. Eu mal via o tempo passar.

Inspirada no que havia estudado e conhecido na China, fiz uma pesquisa a respeito de Qi Gong e Taoismo em São Paulo e descobri a existência da Sociedade Taoista do Brasil (com sedes no Rio de Janeiro e em São Paulo) e, mais do que depressa, me matriculei em um curso de Qi Gong e em outro de filosofia taoista. O sacerdote do templo, Wagner Canalonga, é psicólogo e acupunturista, e minha identificação com ele foi imediata – comecei a fazer sessões semanais de terapia com ele e, em troca, eu o atendia com acupuntura. Comecei a fazer também um curso de meditação taoista Xin Zhai Fa e, em poucos meses, estava frequentando a sociedade taoista quase todos os dias. O ano de 2011 praticamente escorreu por entre os meus dedos, sem que eu pudesse me dar conta disso.

No início de 2012, eu estava esgotada: cinco anos haviam se passado desde que eu tirara férias de verdade, e os últimos dois anos haviam sido de muito estudo e trabalho, sem tempo algum para descanso. Por isso, quando uma amiga da China me escreveu dizendo que se casaria no sul do Brasil e que gostaria muito de minha presença, aceitei o convite mesmo aos trancos e barrancos financeiros, e comprei uma passagem para Curitiba em dez vezes no cartão. Eu só queria ter uma semana de férias sem me preocupar com nada relacionado a trabalho, mas logo em meu primeiro dia na cidade recebi uma notícia que abalou completamente minha paz de espírito. Um dos profissionais que dividia o aluguel da casinha onde eu atendia em São Paulo decidira sair do espaço, levando consigo praticamente todos os móveis que mobiliavam a sala de espera e minha própria sala de atendimento. Sua saída impactava diretamente o valor de aluguel pago pelos demais profissionais, e, justamente naquele momento, a casa antiga requeria uma série de cuidados que iam da troca do forro à dedetização.

No momento em que recebi a notícia, centenas de pensamentos passaram pela minha cabeça e eu chorei por quase uma hora seguida, tamanho o meu desespero de não saber o que fazer dali em diante. Depois de chorar e chorar e chorar, de sentir pena de mim mesma e de me questionar mil vezes por que, afinal de contas, as coisas não estavam dando certo para mim, resolvi lidar com o assunto de uma forma antiga e bastante conhecida: enchendo a cara e não pensando mais no assunto até voltar a São Paulo. E, quando finalmente voltei para casa, decidi procurar meu terapeuta, sacerdote e profundo conhecedor dos oráculos taoistas, para uma consulta emergencial de I Ching a respeito das possibilidades mais promissoras.

E foi exatamente assim que eu caí de paraquedas no consultório onde atendi pelos quase quatro anos seguintes, a dois quarteirões da casa de minha mãe, onde eu morava. Em nossa consulta, Wagner me alertou sobre a possibilidade de procurar um conjunto em um prédio comercial para alugar, e foi exatamente o que eu fiz. Depois de passar um dia inteiro zanzando de um lado para o outro de uma avenida bastante movimentada perto de casa, me decidi pelo primeiro que havia visitado e do qual havia gostado logo de cara. Esperei minha mãe voltar de viagem – afinal, teria que contar com sua ajuda mais uma vez, já que não dispunha do dinheiro necessário – e, um mês depois, lá estava eu, atendendo em meu novo endereço, em um consultório única e exclusivamente meu.

O que para todo mundo poderia parecer um *superupgrade* profissional, para mim rapidamente se transformou em motivo de preocupação. Com a mudança de endereço, perdi mais da metade de meus pacientes e, rapidamente, me vi com tempo demais e trabalho de menos. Diante de minha disponibilidade de tempo, já que havia interrompido meus atendimentos na praia e estava totalmente voltada para minha clínica em São Paulo, eu lia muito – o que caía na minha mão eu "traçava". Pensando bem, hoje vejo que talvez tenha sido justamente **em função desse vazio que as peças certas se encaixaram e formaram a cena ideal de tudo o que eu viveria em seguida**.

Eram épocas de grandes mudanças em minha vida. Eu tinha parado de comer carne já havia algum tempo, as drogas recreativas e as baladas de fins de semana regadas a álcool não tinham mais graça, e eu me sentia bastante solitária. Meus amigos antigos não compartilhavam de meus interesses, que giravam em torno da temática do desenvolvimento pessoal, e eu sentia muita falta de ter com quem conversar sobre o que eu vinha vivendo. O YouTube havia se transformado em meu melhor amigo, pois ali eu podia pesquisar assuntos de meu interesse gratuitamente. Por incrível que pareça, meus pacientes eram as pessoas com as quais eu mais compartilhava daquilo que me abastecia a alma, e, sempre que eu encontrava um vídeo bacana, compartilhava o link com eles. Mas havia um obstáculo: os vídeos eram majoritariamente em inglês, sem legendas em português, o que dificultava um pouco o processo.

Na época eu não sabia, mas todos os meus elementos estavam lá. Eu já estava com a faca e o queijo na mão, mas não via, focada que estava em construir uma vida "tradicional" e de baixo risco. Eu sempre odiara correr riscos, por incrível que isso pudesse parecer, levando em consideração minha destemida decisão de me mudar para a China de mala e cuia alguns anos antes. E, por mais que tudo estivesse tão claro e evidente, eu simplesmente não enxergava o próximo passo. É isso que acontece quando não estamos presentes no presente.

Todos os dias temos a oportunidade
de olhar para dentro. E não olhamos.
Nos distraímos demais com os outros.
Nos perdemos demais no que pensam
a nosso respeito as outras pessoas.

11.

Eu olho ao redor e simplesmente sei. Estou deixando passar algo. Alguma peça está perdida e, sem ela, o quebra-cabeças simplesmente não faz sentido. Eu simplesmente sei, e ninguém precisa concordar comigo para que eu acredite nisto: existe algo que eu não estou vendo. Porque o que existe em meu interior é puro encantamento, mas o lado de fora não. O lado de fora é cheio de buracos e, por dentro, meu coração transborda. Quando eu me sento em silêncio, olhos entreabertos, coluna ereta e respiração consciente, eu transbordo. Eu transbordo, mas o que sai de mim não alcança o que existe fora de mim. Estou deixando passar algo e simplesmente não sei o que é. E meu maior medo é não ser capaz de descobrir nunca.

Todos os dias a vida nos dá uma chance. Uma chance de caminhar na direção de algo que não existe ainda, apenas em nossos sonhos mais profundos. Quem olha para fora sonha, quem olha para dentro acorda – já dizia Jung. **Todos os dias temos a oportunidade de olhar para dentro. E não olhamos. Nos distraímos demais com os outros. Nos perdemos demais no que pensam a nosso respeito as outras pessoas.** E não entendemos: os outros não existem neste Universo holográfico em que sonhamos e projetamos nossos medos e nossas ambições. Nossa sociedade é um antro de vitimização em que o mérito nunca é nosso, e a culpa é sempre do outro. E não percebemos que, assim, amarramos em nossos pés uma bola de ferro cuja chave nunca está em nosso poder. Mas todos os dias a vida nos dá uma chance de caminhar na direção de algo que ainda não existe do lado de fora, apenas do lado de dentro. Caminha quem abre os olhos. Não os da face, e sim dos da alma.

Por meio dos vídeos a que eu assistia diariamente no YouTube, entrei em contato com uma realidade totalmente nova para mim: lei da atração, física quântica, práticas energéticas milenares. Me apaixonei por Bashar e Abraham-Hicks e fiz amizade com youtubers do mundo todo. Em determinado momento, meu maior desafio foi legendar os vídeos a que eu assistia para que pudesse compartilhar com meus pacientes e com alguns novos amigos que eu conhecera em cursos de meditação, filosofia taoista e BaGua. Mas eu, que nunca desfrutara de muita intimidade com a tecnologia, estava comendo o pão que o diabo amassou para conseguir sincronizar os textos traduzidos com as falas dos vídeos e, como era inevitável desde o princípio, acabei desistindo.

E foi em uma noite de segunda-feira em que chovia a cântaros, me impedindo de sair na rua para ir à meditação semanal na sociedade taoista, que, depois de ler um trecho do livro *O monge que vendeu sua Ferrari*, de Robin

Sharma, tive a ideia de gravar um vídeo propondo um exercício que tinha feito e que julgara bastante transformador. Depois de algum tempo, percebi que não fazia sentido falar de apenas um exercício sem contextualizar o conteúdo dentro da narrativa do livro e resolvi gravar uma série completa abordando todos os conteúdos da fábula que serve como pano de fundo da história. Demorei mais ou menos cinco horas para conseguir gravar um vídeo de dezessete minutos – toda vez que eu gravava, odiava o resultado, apagava e gravava de novo. Lembro-me de que, naquele dia, apenas percebi o quanto estava tarde quando minha mãe me ligou no consultório, preocupada, porque já eram quase onze horas da noite e eu nunca chegava depois das dez. Totalmente surpresa por perceber como o tempo havia passado rápido, mais do que depressa desliguei tudo e fui embora para casa.

Naquela noite, mal consegui dormir. Meu coração batia rápido, e eu não entendia exatamente o motivo. Sabia, apenas, que algo grande estava acontecendo. Um frio no estômago misturado a um sentimento de alívio. Minha cabeça fervilhava de ideias de outros vídeos que eu queria gravar. Eu não via a hora de chegar o dia seguinte – e não me lembrava de quando havia sido a última vez que isso acontecera. Eu tinha descoberto uma paixão – e não iria abandoná-la.

Faça aquilo que te
transborde o coração,
seja o que for.

12.

Outra praça, outro banco, e eu sempre aqui. Observo as pessoas. Sinto dentro de mim uma vontade quase insuportável de seguir uma ou outra, só para ver se são de verdade. Se existem longe dos meus olhos. Para onde vão as pessoas quando saem do meu campo de visão? São todas apenas personagens nesta vida que inventei de chamar de minha? As pessoas – não as entendo – culpam as prostitutas, pois elas vendem seus corpos. Mas não se vendem as pessoas? Quando caminham sem vida de suas casas para trabalhos que odeiam, não são prostitutas do tempo? Homens e mulheres de vida fácil, as pessoas. É isso que são. Pois é fácil seguir com a massa, gado marcado, andando sem destino nem rumo atrás das ancas do gado da frente. As pessoas nascem, estudam, se formam, trabalham, se casam, procriam e morrem. As pessoas sobrevivem, mas não vivem. As prostitutas, ao menos, vendem apenas os seus corpos. As pessoas vendem seu tempo, sua alma e sua vida. Dentro de mim o impulso é quase insuportável. Inspiro, expiro, fecho os olhos. E tudo some – as prostituas, as pessoas e seus trabalhos miseráveis. Dentro de mim tudo é encantamento. Não sinto vontade de abrir os olhos novamente.

Já fazia alguns meses que minha atividade preferida era gravar vídeos. Havia dias que eu saía de casa com uma bolsa cheia de blusas diferentes, que eu trocava na intenção de não parecer que eu os gravava todos no mesmo dia. Acordava e dormia sempre pensando sobre o que eu falaria no dia seguinte. Só havia um detalhe importante: ninguém assistia àquilo que eu publicava.

Todos os meus vídeos eram privados, e, para alguém assistir, eu precisava convidar a pessoa que apenas tinha acesso ao conteúdo depois de inserir um endereço de e-mail previamente cadastrado por mim. Eu morria de medo da opinião das outras pessoas e divulgava os links apenas entre a meia dúzia de pacientes que se tratava comigo e alguns poucos amigos que compartilhavam dos mesmos interesses que eu. Meu receio do julgamento das pessoas acerca do que eu falava me impedia de torná-los públicos e visíveis a quem tivesse interesse de assisti-los.

Por mais ocupada que eu estivesse bolando conteúdos interessantes para os vídeos, minha vida profissional estava completamente empacada. Nada acontecia e, pior ainda, alguns pacientes ameaçavam abandonar o tratamento. Uma semana boa de atendimento significava ter meia dúzia de pacientes marcados e eu dava sorte quando todos compareciam. Eu enfrentava muitas cobranças – mais internas do que qualquer outra coisa. Mas, vez ou outra, minha mãe me perguntava, como quem não quer nada, o que eu estava pensando em fazer para conseguir mais pacientes. Eu respondia, com irritação, que o que podia fazer estava fazendo. Ela se calava, percebendo que o que quer que dissesse não ia ser bem recebido.

Lembro-me claramente de uma semana em que eu estava bastante otimista. Era uma semana "das boas", e eu tinha atendimentos marcados em todos os dias. Um amigo dos tempos da escola com quem não falava havia muito tempo me procurara, e, então, combinamos de almoçar no bairro da Liberdade, em um restaurante chinês baratíssimo que servia comida boa e em grande quantidade. Depois do almoço, o convidei para conhecer a Sociedade Taoista, e, chegando lá, resolvemos meditar um pouco na sala do altar. Para não ser importunada, resolvi desligar meu celular; quando o peguei dentro da bolsa, vi que, em cinco mensagens diferentes, os cinco pacientes que eu atenderia naquela semana haviam desmarcado os atendimentos por motivos variados. Lembro-me como se fosse hoje de que, naquele momento, o que me veio à cabeça foi: "Eu desisto".

Pedi licença ao meu amigo, entrei sozinha na sala do altar, sentei-me em uma cadeira da primeira fila e fitei as divindades. Chorei durante cinco minutos. Depois disso, enxuguei minhas lágrimas, olhei fixamente para cada uma das imagens e disse, em silêncio: "Vocês conhecem meu interior e sabem o que existe dentro de mim. Eu me rendo. Não vou mais lutar contra a correnteza. Eu me entrego, me apontem os sinais. Me digam aonde devo ir. O que quer que seja: eu aceito. Meu caminho não é mais meu. É de vocês. Eu aceito o que quer que me seja oferecido. Minhas dores não me pertencem mais". Depois de um tempo, me levantei, me despedi de meu amigo, fui para casa e passei o resto do dia assistindo à TV, sem pensar em nada.

À noite, antes de dormir, me sentei na janela do meu quarto como tinha feito tantas outras vezes, fitando a lua. **Eu sentia falta de tantas coisas que nem sabia quais eram.** Em meio à escuridão, vi meu celular brilhar em cima da bancada de madeira. Era uma paciente bastante querida, comentando que uma amiga estava muito triste com o fim de um relacionamento. Ela me perguntava se poderia compartilhar alguns vídeos meus com a amiga. Eu disse que sim, desliguei o telefone e fui dormir sem pensar no assunto.

Entretanto, naquela semana, o fato se repetiu mais algumas vezes. Duas outras pacientes minhas comentaram que gostariam de compartilhar os vídeos com amigos e uma terceira me pediu para usar os vídeos de *O monge que vendeu sua Ferrari* em seu trabalho com adolescentes de uma comunidade carente. Comecei a achar interessante aquele movimento e fiz um teste: gravei um vídeo e o tornei público, sem maiores pretensões. Ao final do dia, fiquei surpresa: quase 30 pessoas haviam assistido ao que eu gravara, e eu não fazia a menor ideia de quem eram aquelas pessoas!

Comecei a receber e-mails de pessoas que eu não conhecia sugerindo temas para os vídeos. Meditação era um assunto bastante comentado no feedback dos meus vídeos e eu, então, resolvi criar uma série ensinando a prática a quem nunca havia meditado. Lembro-me de ter passado uma semana inteira dedicando todo o meu tempo livre a isso e de pouco ter atendido. Um dia, chegando em casa do consultório, minha mãe novamente aconselhou que eu fizesse algo para conquistar novos pacientes. "Anunciar na revistinha do bairro, quem sabe?", sugeriu ela.

No dia seguinte, um domingo, saí para caminhar no Minhocão, em São Paulo. Eu estava com fones de ouvido enfiados nas orelhas escutando o áudio que eu havia baixado de um vídeo do Bashar no qual ele falava exatamente sobre seguir os sinais. Lembro-me de ter começado a pensar na sugestão que minha mãe havia me dado no dia anterior. Deveria eu anunciar na revistinha do bairro? Por um lado, isso me daria visibilidade, mas, por outro, quem procura um psicólogo, alguém que vai acompanhar dores tão profundas, em uma revista de bairro?

Gastei alguns minutos pensando sobre o assunto quando, absolutamente de repente, meu celular parou de funcionar. "Droga! A única coisa que me falta agora é pifar esta porcaria", pensei, parando para tirar a bateria do celular para ver se voltava a funcionar. Enquanto isso, as pessoas corriam, andavam de patins e pedalavam à minha volta, passando por mim, indo e vindo. E, no exato momento em que parei para ver o que acontecia com meu celular, dois amigos passaram por mim em suas bicicletas. A conversa que ouvi foi mais ou menos a seguinte: "E aí, você foi lá?", perguntou um deles. "Fui nada", respondeu o outro. "Até acho que fazer terapia é bacana, mas ir a um psicólogo dos classificados do jornal do bairro não dá!"

Os dois continuaram pedalando e, assim que passaram por mim, meu celular voltou a funcionar – como se nada tivesse acontecido. E, no áudio que eu ouvia, Bashar continuou falando sobre as sincronicidades e os sinais.

Eu fiquei embasbacada, estarrecida, sem acreditar no que acabara de acontecer. Enquanto eu ouvia um áudio que falava sobre sinais e pensava se deveria anunciar meus serviços de psicóloga na revistinha do bairro, meu celular deu pau apenas para que totais desconhecidos cruzassem o meu caminho e me dissessem que nunca fariam terapia com um psicólogo que encontrassem em um jornalzinho do bairro. Sim, voltando a funcionar logo em seguida. Foi exatamente isso que aconteceu. Sem mais nem menos. Ponto-final.

Minha vontade era de parar a primeira pessoa que estava passando ao meu lado e dizer: **"Você não vai acreditar no que acabou de acontecer"**. Mas, de repente, já não fazia o menor sentido. Pela primeira vez na vida, bastava apenas aquilo em que eu estava acreditando.

No dia seguinte, ao chegar ao consultório, havia um recado na secretária eletrônica: a amiga de uma ex-paciente, que por sua recomendação estava assistindo a meus vídeos no YouTube, queria marcar uma consulta comigo.

Foi então que eu gravei meu primeiro vídeo sobre **gratidão**.

Nada na vida pode ser mais importante do que permitir que sua alma cante e dance dentro do seu corpo. **Não importa o que sua mente lhe diga, não se engane: sua única função neste mundo é existir – e existir da melhor forma que puder.** Não importa o que os outros lhe digam, o que a sociedade exige de você, o que as pessoas cobram.

Não acredite no que lhe dizem que é impossível: **faça aquilo que te transborde o coração, seja o que for**. Se não puder fazer coisas grandes logo de cara, faça as pequenas. Tome um sorvete. Telefone para um amigo. Sente-se em uma praça, na hora do almoço, tire os sapatos e pise com os pés descalços na grama. Faça o que for, mas tenha em foco que o mais importante é você se sentir bem, não importa como. A maioria de nós se perde na vida porque foca nas coisas grandes e se esquece que todas as coisas grandes são feitas de pequenas coisas colocadas juntas. Faça o que estiver ao seu alcance e, quando você menos esperar, vai ter feito algo grandioso. E o grandioso, sim, é capaz de mudar a sua vida.

Ser você mesmo,
independentemente
do que isso signifique!

13.

Fico pensando como foi que cheguei até aqui. Quando olho para trás vejo todos os pequenos passos que me trouxeram até este momento – mas ainda não consigo enxergar a figura toda, a cena inteira. É como se uma fina camada de névoa cobrisse a imagem. Eu me esforço, procuro ajustar meus olhos, mas simplesmente não consigo enxergar a cena toda. No entanto, sei que ela está lá. Em algum lugar, ela está lá. Talvez seja só o tempo de esperar que o mundo respire e que as brumas se dissipem para conseguir compreender que passos são estes que faltam para me levar aonde quero chegar. Talvez seja apenas questão de ter paciência para, finalmente, compreender onde é este lugar. Enquanto isso não acontece, me jogo mais uma vez no precipício das paixões e me deixo cair.

Em meados de 2012, meu antigo professor de acupuntura da pós-graduação me fez a proposta de montar um programa de viagem de estudos para a China. Sua ideia era levar vinte de seus alunos mais próximos para o Império do Meio, visando aos estudos na Universidade de Xangai – a mesma onde eu havia estudado dois anos antes – e turismo cultural pelas montanhas de Wudang, berço do Taoismo e das artes marciais. Eu, que não podia nem pensar em voltar para a China que já estava arrumando as malas, aceitei a proposta e coloquei mais dois amigos na jogada: um antigo colega de trabalho, muito querido, com quem convivera por anos durante o período em que trabalhei no NR Acampamentos, e uma amiga sino-brasileira que morava na China. Kito Vivolo, diretor do departamento de intercâmbios do NR, cuidaria de toda a burocracia necessária para nos enviar para o outro lado do mundo. Liliane, minha amiga, seria nossa intérprete por lá, nos auxiliando na tradução das aulas e em todas as nossas demais necessidades no território chinês.

No final do mês de julho embarcamos para nossa aventura e, de certa forma, essa experiência foi de uma importância pessoal enorme. Não apenas por estabelecer laços mais próximos com a representante da universidade, a sra. Xu, que mais tarde me ajudaria muito em uma questão pessoal absurdamente difícil e importante, mas também por me mostrar que eu era capaz de fazer coisas que nem eu mesma seria capaz de prever.

A viagem foi incrível, revi amigos queridos, tive a oportunidade de viajar para locais que nunca conseguiria conhecer se não fosse por estar em companhia de uma pessoa como Lili e seu mandarim fluente (afinal, até hoje meus conhecimentos no idioma são bem irrisórios, e um estrangeiro dificilmente consegue se virar em cidades afastadas dos grandes centros, onde o inglês é falado pelas ruas) e dei um bom descanso para minha cabeça.

Foram semanas deliciosas e extremamente significativas. Coisas muito bacanas estavam acontecendo comigo, e eu estava bastante empolgada com a vida; mas a verdade é que eu sentia falta de fazer mais. Eu gostava muito de atender, nunca duvidei de que era uma habilidade que eu tinha e recebi, ao longo dos anos, muitos feedbacks positivos de meu trabalho das dezenas de pacientes que eu atendi durante a minha vida. Entretanto, eu sentia que tinha algo a fazer que não estava sendo feito. De certa forma, eu sempre tive essa sensação e gravar vídeos para o YouTube me ajudava, de um jeito que eu não entendia direito, a dar vazão a isso. E estar ali, do outro lado do mundo, apresentando uma cultura milenar a um grupo de estudantes estava me trazendo a mesma sensação que eu sabia que não existia quando estava sentada em meu consultório – ainda que fazendo algo de que eu tanto gostava.

Além disso, minha solidão afetiva começava a me cansar. Eu estava sem me relacionar seriamente com alguém havia quase dois anos e, aos 33, me perguntava se algum dia seria capaz de construir ao lado de alguém que amasse a família com a qual começava a sonhar de verdade. O péssimo histórico amoroso que eu tinha me fazia duvidar de minha capacidade de me relacionar e, em muitos momentos, eu me sentia para baixo.

A verdade é que, por mais que nos últimos anos eu tivesse caminhado na direção de coisas que eu amava e que me empolgavam demais, eu ainda não sentia ter encontrado o meu lugar, a minha turma, o meu nicho. Por mais pessoas bacanas e novos amigos e pacientes que estavam entrando em minha vida totalmente alinhados com o que eu acreditava ser legal e a tradução de minha alma (citando o vegetarianismo e a meditação, apenas como exemplos), **ainda faltava algo que eu não sabia o que era.** Eu sabia que tinha a ver com estar com as pessoas, mas não sentada em uma poltrona em meu consultório. Eu sentia falta de estar verdadeiramente com as pessoas, desprovida de máscaras ou papéis sociais. Ser quem eu era, independentemente do que isso significasse.

Mas como ser algo que eu não sabia o que era?

Foco no que realmente importa.

Dentro, dentro. Inspire.

Expire. Esteja consciente.

14.

Me reconheceram na rua! Eu estava saindo do metrô agora há pouco, atrasada para um atendimento, quando uma menina veio andando sorrindo na minha direção e me perguntou se eu era a "Flavia Melissa dos vídeos". Demorei um pouco para entender do que ela estava falando e, quando eu finalmente disse que era, ela olhou bem no fundo dos meus olhos, com os seus já marejados pelas lágrimas, e me disse, muito séria: "Você salvou a minha vida". Ela me contou que estava em um processo depressivo já havia alguns anos e que nada fazia efeito, até que começou a assistir a meus vídeos por indicação de sua psicóloga e que daí começou a entender de verdade o que era autoaceitação. Ficamos conversando por mais de meia hora, ela foi para a faculdade e eu estou aqui sentada pensando em como a vida pode ser estranhamente louca. Eu, lá no meu quadrado, gravo um vídeo falando sobre coisas que eu penso e, em algum lugar da cidade ou do mundo, uma pessoa que olha para sua própria vida sem esperanças assiste ao vídeo e enxerga uma luz no fim do túnel. Minha vontade é chorar e rir, tudo ao mesmo tempo. Estou aqui sentada nesta calçada olhando as pessoas passando, indo e vindo, e me perguntando se há algo em mim que pode confortá-las – ou algo nelas que me cure. A vida pode ser estranhamente louca. Sim, ela pode.

Quando voltei da China, percebi que algo muito curioso havia acontecido na minha ausência. Meu canal no YouTube, que até então possuía menos de mil inscritos, repentinamente ganhara alguns milhares de novos assinantes em menos de um mês. Até hoje não sei o que houve – se foi alguma menção em rede social ou simplesmente a "sorte" de ter gravado um vídeo sobre meditação justamente em um momento em que mais e mais pessoas buscavam essa alternativa para se sentir melhores com sua própria vida.

O fato é que, de repente, toda semana alguém telefonava no consultório querendo marcar uma consulta por ter assistido a um de meus vídeos. Minha caixa de e-mails recebia cada vez mais mensagens de pessoas que me escreviam com o intuito de compartilhar suas impressões sobre meus vídeos, sugerir novos temas para as gravações e, em sua maioria, contar suas histórias me pedindo aconselhamento. Eu respondia a cada uma das perguntas me sentindo a pessoa mais honrada do planeta Terra, pelo privilégio de conhecer tantas experiências e poder participar, ainda que de modo distante, da vida de tanta gente.

Além da vida profissional, minha vida amorosa também tinha desempacado e eu estava namorando novamente. Entretanto, por mais que meu namorado fosse um cara superbacana com quem eu tinha bastante coisa em comum, havia em mim um desconforto que eu não conseguia entender direito de onde vinha. Mas isso não era novidade. Esse desconforto sempre estivera presente, a cada passo da minha jornada, e eu já me acostumara com ele, de certa forma. Era como se ele fosse parte de mim. E, de acordo com o que eu via e testemunhava dos processos de outras pessoas, ele também fazia parte de todo mundo.

Aparentemente, o normal era viver sob a sombra de um incômodo que ninguém sabia de onde vinha, mas todo mundo aceitava como corriqueiro, e que, de vez em quando, era aliviado por meio de viagens pelo mundo, roupas caras, eletroeletrônicos de tecnologia avançadíssima, drogas (lícitas ou ilícitas) ou histórias de amor. Estava tudo bem.

Mas minha alma sussurrava que não.

Penso que a resposta não está em nenhum outro lugar que não seja dentro de nós. Deus, o Universo ou a Criação, fez tudo tão grande e nos fez tão curtos, tão mortais, que seria uma grande injustiça a resposta desse nosso anseio existencial estar em um local muito remoto. Aquela paz com a qual você sonha, com a qual eu sonho: ela só pode estar dentro. Fundo. Não faria sentido termos a capacidade de sonhar coisas e não termos a capacidade de vivê-las, não? Não faria sentido a resposta do meu anseio estar em um lugar que, tridimensionalmente falando, seria inalcançável para mim. Simplesmente não faz sentido. Paremos, então, de olhar para fora: **foco no que realmente importa. Dentro, dentro. Inspire. Expire. Esteja consciente.**

Certa vez, em Ilhabela, uma amiga veio comentar comigo que havia participado de uma vivência muito diferente e gostosa e que o facilitador da vivência tinha tudo a ver comigo. Algumas semanas depois, uma outra amiga, também de Ilhabela, me procurou dizendo que tinha participado de um curso de fim de semana chamado "Namastê" e que pensara em mim durante o tempo inteiro – já fazia algum tempo que eu vinha utilizando o cumprimento "Namastê" nos meus vídeos. Pouco depois, a primeira amiga me sugeriu a amizade com o facilitador da vivência, e, quando fui ver, ele fazia parte da equipe do curso do qual a segunda amiga tinha participado, o "Namastê".

Eu, que já havia aprendido a ler os sinais do Universo, logo tratei de procurar Tuco, o facilitador, e rapidinho começamos a conversar por e-mail. O curso juntava ferramentas de programação neurolinguística e renascimento em um objetivo nobre: **fazer despertar a inteligência espiritual e trazer mais consciência para a vida cotidiana**.

Em janeiro de 2013, quando o incômodo inicialmente sentido e encarado como normal dominou por completo o modo como eu me sentia e o namoro recém-iniciado terminou, de um dia para o outro tomei a decisão de me jogar de corpo e alma naquela vivência de fim de semana. Então, em uma sexta-feira chuvosa, acordei antes das seis horas da manhã, me locomovi até o outro lado da cidade de metrô, peguei carona com um total desconhecido e subi as montanhas da cidade de Extrema, Minas Gerais, rumo a um encontro muito esperado.

O de mim comigo mesma.

espiritualidade

“O que você busca
vem buscando
por você.”
(Sufi Rumi)

15.

Entro na sala junto com as outras pessoas, escolho um lugar para sentar nos pufes e almofadas dispostos em círculo e me cubro com uma coberta xadrez. É verão, mas o clima lá fora é gelado. Contudo, o calor em meu peito me conta que algo muito especial está para acontecer.

Um homem oriental, com seus 50 anos, está sentado na roda, de olhos fechados. Sua camiseta diz "Abraços grátis", mas sua expressão é de seriedade e concentração. Eu não sei quem ele é, mas, no momento em que ele começa a narrar o texto que abre os trabalhos do fim de semana, algo explode dentro de mim, e eu o reconheço – eu me reconheço. Eu o conheço, sempre o conheci.

Ele é um outro eu.

"O que você busca vem buscando por você", diz o poeta Sufi Rumi. Sempre esteve e sempre estará. Mas você silencia para conseguir ouvir a voz que sussurra de seu coração, apontando os caminhos? Sua mente é uma feira livre, muitos pensamentos roubam de você atenção e energia. Onde você está? Se sua resposta for diferente de "aqui", você está iludido. Porque é sempre aqui e sempre agora, e a eternidade se resume ao momento presente. Não há nada além do que esta batida do seu coração:

tum-tum, tum-tum. Todo o resto é expectativa, frustração e ilusão. Acorde.

Aquele foi um fim de semana de transformações profundas. A cada vez que o homem oriental abria a boca, eu sentia meu coração parar de bater por alguns segundos. Era como se eu estivesse me ouvindo falar. Eu nunca tinha vivido isto: ver as minhas verdades saírem da boca de outro ser humano. Nunca.

Não vou dizer que foi fácil. Me confrontei com tudo de negativo que eu pensava a meu respeito, mas nunca tinha tido clareza suficiente para colocar em palavras. Tive a oportunidade de olhar para a parte mais escura e escondida de mim e, talvez pela primeira vez na vida, eu não fugi. Inacreditavelmente, me senti confortável em meio à dor.

Sergio Kiyoshi Ueno, criador do curso "Namastê", tem uma história de vida interessante que serviu de pano de fundo para que eu pudesse compreender inúmeros aspectos meus que vinham passando despercebidos. Não apenas ele, mas todas as 17 pessoas que estiveram presentes naquele fim de semana foram fundamentais, cada uma a seu modo, para que eu tivesse as lições que tive e aprendesse o que precisava aprender sobre mim naquele momento.

Os meses que se seguiram ao curso foram extremamente férteis em termos de desenvolvimento pessoal e, inevitavelmente, também para geração de conteúdo para meu canal no YouTube. Sair na rua e ser reconhecida passou a ser algo um pouco menos estranho, e o número de e-mails que eu comecei a receber diariamente se tornou insustentável, e eu não era mais capaz de responder a todos. Minha agenda de atendimentos se tornou tão cheia e apertada que eu fiz algo que nunca na minha vida imaginei que um dia faria: comecei a recusar pacientes.

Depois de ir para o "Namastê" no mês de janeiro, repeti o processo mais duas vezes ainda no primeiro semestre de 2013. Compartilhei nas redes sociais a respeito do curso e de como tinha sido benéfico e incrível para mim; e, sem que pudesse esperar por isso, ao chegar em Extrema, muitas outras pessoas estavam lá por minha causa. Algumas delas me conheciam, outras apenas me seguiam na internet. Foi muito bacana e especial estar presente fisicamente com pessoas que não me conheciam pessoalmente, mas que sabiam tanto sobre mim. Foi a primeira vez que compreendi o quanto ter começado a gravar vídeos estava **me aproximando de pessoas semelhantes, com interesses parecidos e aspirações equivalentes**.

Um pouco antes de julho daquele ano, eu acordei como havia acordado em qualquer outro dia de minha vida. Abri os olhos, meditei, fui ao banheiro, escovei os dentes. Verifiquei meus e-mails, e um deles, especialmente, me chamou a atenção. Era de um homem chamado Ricardo Girardi, que compartilhava em pouco mais de dez linhas coisas que vinha vivendo – falava de um processo de redescobrir-se, de mudanças que vinha sofrendo em sua vida, de uma música da qual gostava, de sincronicidades que vinha percebendo ocorrerem à sua volta. Aparentemente nada demais. Mas algo me cativou naquele e-mail e senti vontade de responder – e, seguindo meu coração, assim o fiz.

Nos dias seguintes, trocamos alguns e-mails, nos adicionamos no Facebook, e a vida continuou. Eu estava completamente entretida com meu consultório e com a rotina corrida que começava a sugar minhas forças e sentia que precisava de uma mudança na minha vida. Eu queria muito ter mais tempo para mim e para minhas coisas. No "Namastê", tinha me dado conta da existência de crenças limitantes que me impediam de ter tempo para qualquer outra coisa que não fosse trabalhar – agora havia chegado a hora de me colocar à prova e pôr em prática tudo aquilo que teoricamente fazia sentido. As semanas se passaram e, vira e mexe, o tal Ricardo curtia uma de minhas publicações.

Eu sentia curiosidade sobre ele e já tinha dado uma bisbilhotada básica em seu perfil. Vi que a maior parte de suas publicações giravam em torno dos temas veganismo ou corrida e que muitas das pessoas que curtiam ou comentavam suas postagens também tinham seu sobrenome, o que me fez pensar que ele era muito ligado à família.

Depois de um tempo, um amigo que desenvolvia um trabalho de artes marciais muito bacana me convidou para seu workshop de arquearia meditativa. Quando confirmei presença no evento no Facebook, mais do que depressa, Ricardo comentou a confirmação, perguntando ao meu amigo se era necessária alguma experiência com meditação e dizendo que tinha interesse em estar presente.

Trocamos algumas palavrinhas ao longo das semanas que faltavam para o evento acontecer, e, quando finalmente o dia do curso chegou, eu quase não fui. Estava cansada, com sono, tinha ido dormir tarde na noite anterior e estava com preguiça de pegar o metrô no sábado tão cedo. Quando o despertador tocou pela manhã, pensei vinte vezes em mandar uma mensagem para meu amigo inventando uma desculpa para não estar presente.

E até hoje me pergunto como seria minha vida caso tivesse desistido.

Que me aceite,
que se aceite.

16.

Que seja leve, ajustado. Que não demore muito para mostrar a que veio, porque eu sempre tenho preguiça de coisa que uma hora é uma, outra hora é outra. Que não seja sempre igual. Que saiba olhar para o céu e reconhecer a poesia escondida nas estrelas, mas que reconheça a importância de ter os pés bem fincados no chão, porque nada que não seja aterrado é forte o suficiente para permanecer de pé por muito tempo. Que saiba voar. Que dê o conforto certo, caminho do meio entre o movimento e a quietude, nas minhas horas de tédio de segunda-feira às duas da tarde. Que não me conforte mais do que o necessário, porque eu tenho essa tendência a me acomodar em situações que parecem agradar a todos. Que me movimente. Que me ajude a sonhar com um futuro possível, nem ilusão demais nem de menos, que a vida sem fantasia tende a ser muito chata. Que entenda as minhas mudanças de humor e releve o que precisa ser relevado, porque mais cedo ou mais tarde vou acabar me espirrando em direções que não são minhas; que perceba que eu não faço por mal, esta é apenas uma das características que me fazem ser quem sou. Que meus defeitos não agridam demais, nem minhas qualidades ceguem seus olhos para o outro lado da moeda, que sempre existe. Que me acompanhe em minha sede infinita de saber mais sobre tudo, aceitando quase nunca o que é apenas mundano e fugaz. Que me ame, acima de tudo, de um jeito que nunca me senti amada. Que não me julgue por nunca ter realmente amado. Que me aceite, que se aceite. Amém.

Saí do metrô, me arrastando pelo caminho. Procurei no aplicativo do celular a direção certa e suspirei aborrecida ao ver a ladeira que teria que enfrentar. "Devia ter ficado em casa", devo ter pensado uma dúzia de vezes antes de começar a escalar o precipício que me separava do local onde o curso aconteceria.

Chegando ao alto da ladeira, dois homens vieram falar comigo. Um deles era um seguidor antigo, com quem já havia falado dúzias de vezes. O outro era Ricardo. E tão logo me vi ao lado dele, um pensamento me invadiu. Na verdade, não foi um pensamento, e sim uma sensação, mas que se fosse transformada em palavras seria algo como "Olha! Meu marido! Apareceu! Já era hora...", ou algo do gênero.

Essa sensação e percepção foram únicas para mim. Eu nunca havia sentido, de fato, a sensação de pertencimento a alguém. Era algo excepcionalmente novo. Só o que eu sabia era que eu me sentia muito bem ao lado dele e que eu tinha vontade de continuar por lá.

Passamos o dia inteiro conversando e, ao final do workshop, fomos juntos até o metrô. Ele estava de bicicleta e, quando era sua vez de descer na estação em que faria baldeação, fiz questão de dizer a ele que havia gostado muito de conhecê-lo. No momento em que fui dizer essas palavras, segurei por um instante em seu braço. Mais tarde ele me contaria que, nesse momento, seu único pensamento foi o de que ele já me conhecia de outras vidas.

"Toda causa de sofrimento
vem da perda de conexão
com o momento presente."
(Eckhart Tolle)

17.

Então é assim que a vida é. É assim que a vida acontece. É assim que as coisas são e há beleza nisso, ainda que uma beleza triste. Ainda que uma beleza ameaçada. Ainda que a felicidade esteja ameaçada, existe beleza nisso. Não é nosso papel nadar contra a correnteza, nem brigar com o fluxo de rio, nem forçar que focinho de porco vire tomada. Nosso papel é fluir com a vida. E estas são belas palavras, mas como fazer isso é o que venho tentando descobrir, desde sempre. Como não permitir que minha cabeça me convença das coisas horrorosas que ela pensa por si só? Como não olhar para ele ao meu lado e imaginar que esta possa ser a última vez que nos vemos? Como respirar aliviada quando o telefone toca e ele não atende? Como fingir que o que eu sonho que aconteça nunca vire realidade, porque, na minha cabeça, ele pode morrer a qualquer momento? Eu sei: eu posso morrer a qualquer momento. Qualquer um de nós pode morrer a qualquer momento, mas esta possibilidade nunca foi tão real, tão presente e tão contundente. Nunca foi tão verdadeira. Como fluir com o rio da vida quando ele te conduz a um cenário em que seu sonho mais bonito pode se transformar em seu pior pesadelo? Esta é a verdadeira pergunta e ainda: é assim que a vida é.

Segundo Einstein, existem apenas duas formas de se viver a vida: **como se milagres não existissem e como se absolutamente tudo fosse um milagre**. O que você escolhe? Escolha o milagre. Quando tudo parece estar dando errado, escolha acreditar que tudo o que está acontecendo é um milagre. Tudo é para o seu bem. Tudo é para alinhar o seu caminho com o que representa mais verdadeiramente a luz que habita dentro de você. Todos os seus desafios são oportunidades de corrigir seus pensamentos e focar no que você tem a ganhar – e não a perder – com as situações. Tudo é para o seu crescimento. Este é o milagre.

"Eu tenho um tumor no cérebro."

Estávamos sentados em uma toalha colorida, em um belo jardim gramado no Templo Zulai, o maior templo budista da América Latina. Era nosso primeiro encontro. Eu não sabia o que dizer. O que se diz quando alguém olha nos nossos olhos e diz que tem um corpo estranho dentro da cabeça?

E foi assim que fiquei sabendo que aquele homem que eu conhecia havia apenas uma semana – gentil e de voz calma – convivia com um tumor cerebral havia quase quatro anos. "Como é que se vive desse jeito?", eu queria perguntar. Eu não conseguia imaginar o que os últimos quatro anos haviam sido para ele. Eu não conseguia imaginar o que teriam sido esses quatro anos para mim.

O tumor era operável, mas Ricardo vinha, de acordo com suas próprias palavras, "acompanhando" para ver se ele crescia. Segundo ele, nos últimos três anos não havia ocorrido nenhum crescimento significativo. Mas, por ironia do destino, seus últimos exames realizados apenas alguns meses antes de nos conhecermos apontavam um crescimento importante e, de acordo com o médico que o estava acompanhando, a recomendação era fazer a cirurgia.

"Ótimo, e quando será a cirurgia?", lembro-me de ter perguntado. E a resposta dele me desesperou: "Eu não tenho plano de saúde". Oi? Quem é que, nos dias de hoje, não tem plano de saúde? Pois Ricardo não tinha. Assim como não tinha também seguro do carro. Aparentemente, o fato de ter um tumor no cérebro havia ensinado a ele um jeito bastante aventureiro de viver a vida – exatamente o oposto do modo como eu vivia a minha.

Naquele mesmo dia, fomos comer uma pizza no shopping perto de casa e tivemos uma conversa bastante séria. A única condição para que continuássemos nos vendo era a de que ele buscasse tratamento e cirurgia em sei lá qual hospital no qual fazia acompanhamento, ou que buscasse uma segunda opinião. A segunda opção foi a escolhida e, logo em seguida, começamos a quebrar a cabeça pensando em uma alternativa, porque uma cirurgia de retirada de um tumor no cérebro não é propriamente algo simples que se consiga pagar do próprio bolso.

Ricardo me contou que havia começado a procurar técnicas alternativas de tratamento – encontrara um médico no YouTube que estava conduzindo experimentos com pacientes ministrando doses cavalares de vitamina D, e um outro dizia curar pacientes com câncer por meio de mudanças alimentares e da prescrição de enemas de café. "Você não acredita em cura energética?", me perguntou ele, com aquela expressão incrédula de quem tinha assistido a uma quantidade suficiente de vídeos meus para me dar o xeque-mate.

Sim, eu acreditava. Mas eu acreditava em uma cura energética que derivava de fundamentação científica, como o que acontecia na medicina chinesa. Eu acreditava na cura energética por meio de tratamentos frequentes, de sessões de acupuntura, de desintoxicação com ervas e de mais um monte de coisas que ele não teria acesso porque simplesmente não existiam no Brasil – eu, pelo menos, nunca conhecera outras pessoas que haviam sido tratadas em medicina chinesa como os tratamentos que eu testemunhara na China, por exemplo.

Se estivéssemos na China e tivéssemos acesso aos médicos que eu conhecia, e esses médicos avaliassem o caso dele – vissem seus exames e dissessem que ele não precisava de cirurgia, que o que quer que existisse dentro da cabeça dele poderia ser tratado por meio de um método qualquer que não envolvesse rachar seu crânio e mexer em seus miolos –, eu ficaria mais do que feliz em apoiá-lo nessa empreitada. Caso contrário, abrir sua cabeça e tirar o tumor de lá de dentro era a única alternativa que existia para mim.

E foi assim que, com dois meses de namoro, compramos duas passagens para a China.

Não se preocupe se, do ponto onde está neste momento, você não consegue enxergar o caminho todo que existe entre quem você é e quem quer ser. Quando você dirige em uma estrada à noite, quantos metros o farol do seu carro ilumina à sua frente? E, mesmo assim, você é capaz de chegar ao seu destino. Então, apenas lembre-se de olhar na direção desejada e de dar o primeiro passo.

Eu havia estado na China apenas um ano antes, mas tantas coisas tinham acontecido desde então que parecia que eu estava vivendo uma outra vida. Eu sempre havia sonhado em estar na China acompanhada por alguém como Ricardo, mas nem de longe imaginava que essa situação se daria nas condições em que estavam se dando. Lembro-me de que algumas semanas antes de embarcar tive uma conversa com meu amigo Sergio Kiyoshi, criador e facilitador do "Namastê", na qual expus o tamanho do meu medo de que Ricardo passasse mal em pleno voo sobre o oceano Atlântico a dezenas de milhares de pés de altitude, sem ter onde pousar caso tivesse um piripaque.

Preocupações bobas que nunca ninguém tem haviam se transformado em rotina para mim. Se eu ligava para ele e ele não atendia o telefone, eu entrava em um ciclo de pensamentos negativos / correção de pensamentos negativos / paz momentânea / pensamentos negativos, que fazia com que eu estivesse exausta depois de alguns minutos. Eu procurava praticar tudo aquilo que vinha me dedicando a ensinar às pessoas nos últimos anos, mas só eu sabia como estava sendo difícil.

Em mais de uma ocasião me revoltei com Deus e com o Universo: por que comigo? Por que, justamente neste momento da minha vida, em que as coisas estavam parecendo entrar nos eixos, eu havia conhecido um cara incrível com o qual facilmente conseguia me imaginar envelhecendo e esse cara tinha um tumor no centro da sua cabeça?

Um dia, conversando com uma amiga sobre a situação, ouvi a explicação mais sensata que eu poderia receber sobre o assunto. Primeiro, depois de me ouvir repetir pela enésima vez o meu bordão "Por que comigo?", ela fez minha boca escancarar ao me perguntar: "Por que não com você? O que te faz pensar que é tão especial a ponto dessas coisas não acontecerem com você? No que você é melhor do que as outras pessoas para não enfrentar esse tipo de problema?". Depois, ela me disse: "Talvez Deus tenha resolvido ver se você realmente consegue fazer o que vive falando para as pessoas fazerem. Se conseguir, será a professora perfeita para poder ensiná-las o que elas tanto te procuram para aprender".

Foi a primeira vez em que verdadeiramente me conectei, no nível do coração, com as palavras de Eckhart

Tolle no livro *O poder do agora*, quando ele diz que **toda causa de sofrimento vem da perda de conexão com o momento presente**. Porque a verdade é que nada estava acontecendo de errado. No momento presente, ele estava vivo. No momento presente, eu tinha a possibilidade de continuar fazendo planos – afinal, sempre podemos fazer planos, não existe obrigatoriedade nenhuma de se realizarem só porque estamos planejando. Nada me impedia de viver a história de amor com a qual eu vinha sonhando e esperando. Ele tinha um tumor no cérebro. E eu? Tinha? Eu não sabia. Eu nunca tinha feito uma ressonância ou tomografia para saber. Então, por que é que a ideia de ele ter um negócio que não deveria ter dentro do crânio me angustiava tanto?

A causa do meu sofrimento não estava na cabeça de Ricardo. Estava na minha. E, se estava na minha cabeça, na minha mente, eu faria tudo o que fosse necessário para corrigir meus pensamentos e me conectar com a realidade que eu gostaria de ver manifestada.

Estava decidido: **eu viveria um milagre**.

Porque milagres acontecem –

todos os dias.

18.

Gratidão ao Universo, que fala comigo por meio de sinais. Cá estava eu em um momento de "mimimi existencial", me sentindo frágil e insegura diante de tudo isso, quando a Cria-Ação resolveu mandar seu recado! Primeiro, foi o comentário de uma seguidora em uma postagem minha dizendo que, em uma conversa com um Xamã, ele lhe disse que na verdade não importava se ela tomasse uma decisão certa ou errada, que para o divino isso pouco importava. Que a única coisa que importava era o sentimento, pois nunca nos era dado degrau mais alto do que nossas pernas. Depois disso, enquanto pensava se embarcar nesta viagem maluca em busca de uma "segunda opinião alternativa" era uma loucura, ouço a voz de um personagem do desenho She-Ra, que rolava aqui na TV, dizer: "Você já sabe o que fazer, princesa guerreira. A resposta do que é certo está dentro de seu coração". E, neste exato momento, ouço a vinheta do canal dizer: "Viva cada momento como se fosse a experiência definitiva". O Universo está, neste exato momento, conspirando para que tudo ocorra em alinhamento perfeito com os propósitos da existência. Om Namo Shiva!

Para que o ouro seja purificado, ele precisa enfrentar o fogo. Para que a água mude de estado, é necessário que ela encare uma temperatura extrema. Me parece ocorrer de modo semelhante com o homem: **para que nos transformemos em algo mais pleno, melhor, é necessário que ultrapassemos um obstáculo final**.

Nosso obstáculo final foram as quatro semanas na China. Passeamos, namoramos, caminhamos de mãos dadas pelas ruas da China. Tivemos nossos momentos de intempéries também. Todos esses momentos foram fundamentais para eu ter ainda mais certeza de que ele era o homem com quem eu estaria disposta a dividir minha vida.

Entretanto, seu tumor era uma realidade e ela andava sempre conosco – mais especificamente, dentro de minha carteira. Dias antes de viajarmos, eu havia me encontrado com minha amiga Liliane, que, um ano antes, fora nossa intérprete na China, mas que estava de volta ao Brasil. Em um almoço que durou mais ou menos quatro horas, contei a Lili o que estava acontecendo e, lá pelas tantas, pedi que ela escrevesse em mandarim, em diferentes pedaços de papel, as frases "Meu namorado tem um tumor cerebral", "Preciso ir para o hospital mais próximo" e "Preciso falar com mrs. Xu Yao, da Shanghai University of Traditional Chinese Medicine com urgência". Sem me questionar, Lili escreveu as frases e, depois de terminar, apenas pegou nas minhas mãos e me fitou por um instante. "Vai ficar tudo bem", ela me disse. Sem pensar duas vezes, respondi: "Eu sei".

Logo em nossa primeira semana na China, fomos encontrar o dr. Zhao Hailei, especialista em oncologia sob o viés da medicina tradicional chinesa e diretor-adjunto da Universidade de Medicina Chinesa de Xangai, a mesma na qual eu havia estudado três anos antes. Já havíamos combinado que seguiríamos o que quer que o dr. Zhao nos aconselhasse. Havíamos feito o trato com o Universo que o dr. Zhao seria nosso "portador de sinais" e que não discutiríamos com seus desígnios.

Levamos todos os exames de Ricardo, laudos traduzidos do português para o inglês, e, durante os vinte minutos em que estivemos juntos, relatei em todos os pormenores o que havia acontecido com Ricardo e o desenvolvimento de seu quadro nos últimos três anos. Dr. Zhao me ouviu atentamente, pegou os exames, fitou-os por dois minutos e, sem nenhum tipo de romantismo nem poesia digna de um "portador de sinais", nos disse, em seu inglês britânico: "Sim, existe algo dentro da cabeça dele. Tem que ser retirado".

Eu sinceramente não sei o que Ricardo e eu esperávamos dessa reunião, mas certamente não era algo tão direto ao ponto como a colocação do dr. Zhao. Fomos embora da consulta com mais três semanas de viagem pela frente e uma certeza: chegando ao Brasil, teríamos que encontrar um médico bom que estivesse disposto a operar Ricardo pelo SUS.

Eu não fazia ideia de como resolveríamos essa questão, então tratamos de aproveitar nossos vinte e poucos dias de viagem como se não houvesse amanhã.

Porque, na verdade, não há.

A maior sacanagem possível seria você ter a capacidade de sonhar e a incapacidade de realizar. Então, que nossos sonhos sejam maiores que nossos medos, e nossas ações mais frequentes que nossas palavras.

Bashar diz que todas as infinitas possibilidades quânticas que temos que viver – o que quer que seja – estão disponíveis no aqui e agora. Iludidos pela tridimensionalidade e pela vida na matéria, temos a impressão de que estamos em um ponto e, para ir a outro, precisamos percorrer um caminho. Isso é real em uma experiência regida pelo *continuum* tempo-espaço, mas, do ponto de vista quântico, todas as possibilidades coexistem no mesmo lugar ao mesmo tempo.

Eu levava esses conceitos ao pé da letra e, todas as vezes que minha mente cismava em me dizer baboseiras, que isso e aquilo de ruim aconteceriam, eu apenas fechava meus olhos, inspirava fundo e soltava o ar. Trazia à minha cabeça uma imagem do que eu queria viver e experimentar e continuava o que estava fazendo.

Ainda na China, uma amiga me contou sobre algo que tinha acontecido com ela na adolescência, quando sofria de uma doença dita incurável. Segundo ela, uma tia que morava no sul do Brasil fazia uma espécie de tratamento energético que a curara. A tia havia curado também outro membro de sua família, que tinha um câncer em estágio avançadíssimo no fígado. Assim, tão logo chegamos a

São Paulo, decidimos que procuraríamos um médico, mas que também procuraríamos a tal tia da minha amiga.

Achar o médico até que foi simples. Meu pai, que já estava a par da situação porque havia sido ele a traduzir os termos técnicos do prontuário de Ricardo do português para o inglês, conversou com um amigo psiquiatra que recomendou um neurologista, que recomendou um neurocirurgião muito simpático, que nos atendeu no início de dezembro.

O dr. Marcelo Prudente, que mais tarde se revelaria um anjo em nossa vida, em princípio nos deixou bastante apreensivos. Segundo ele, a falta de plano de saúde de Ricardo era um grande problema. Ele disse que nenhum hospital aceitaria ceder suas instalações para a cirurgia, ainda que ele se propusesse operar Ricardo de graça. Todos os procedimentos, todos os riscos e todas as necessidades impediriam qualquer tipo de acordo nesse sentido, porque era uma cirurgia que facilmente dobraria de custo, dependendo dos acontecimentos inesperados que poderiam ocorrer em um caso como o dele.

Eu então apelei. Disse que estava disposta a ir para a frente das câmeras, convocar meus seguidores e fazer uma vaquinha virtual, pedindo ajuda financeira a todos aqueles que me acompanhavam durante os anos. Eu tinha absoluta certeza de que as pessoas, que diziam nutrir tanto carinho por mim, nos ajudariam. Mas o dr. Marcelo foi contundente. "Flavia", ele me disse olhando no fundo dos meus olhos, "estamos falando de uma cirurgia de mais de 200 mil reais. Nem que você tenha esse dinheiro em *cash* vai conseguir que um hospital aceite, porque, de um dia para o outro, esses 200 mil podem se transformar em 400 mil. E eu não posso tomar decisões baseado em quanto dinheiro vocês têm, em vez de ser pautado no que o Ricardo precisa".

Quando meus olhos já estavam cheios de lágrimas, ele suspirou e disse: "Tenho um conhecido no Hospital das Clínicas. Ele é especialista na região do cérebro onde o tumor está. Esse tumor, neurocitoma central, é um tumor cuja retirada é muito difícil de ser praticada, porque geralmente é descoberto quando o paciente já está com idade mais avançada, quando a cirurgia não vale os riscos. Um caso assim, como o do Ricardo, que descobriu o tumor com 35 anos, é muito raro. Talvez eles se interessem pelo caso, porque é uma boa oportunidade de praticar e fazer pesquisa. Vou tentar falar com ele. Me liguem em uma semana".

Nesse meio-tempo, resolvemos procurar a tia da minha amiga. Por coincidência, ela estava em São Paulo, então marcamos uma consulta para a mesma semana da consulta com o dr. Marcelo. A senhora pediu que eu enviasse uma foto de Ricardo para ela e me ligou no mesmo dia mais tarde falando que havia consultado seus guias e que existia um feitiço feito por uma "mulher do passado" dele e que ela precisaria de algumas coisas para poder tirar esse feitiço. Me ditou uma lista que ia de ervas a velas coloridas, passando por coisas que eu não sabia bem ao certo onde encontrar. Apesar de ser bem ligada à espiritualidade e de respeitar todas as crenças e credos, senti minha empolgação diminuir sensivelmente à medida que ela ia me passando a lista de coisas. Quando desliguei o telefone, olhei para Ricardo, que me fitava sem entender o que eu tanto escrevia e, no exato instante em que expliquei a ele o que ela tinha dito, vi a empolgação sumir de seus olhos também.

Minha mãe, que ouvia tudo em silêncio, interferiu. Ela disse que acreditava no poder de energias e que nos levaria, se assim quiséssemos, ao centro espírita que ela frequentara por alguns anos e no qual fora voluntária, havia quase vinte anos, quando ela e meu pai se separaram. Aceitamos sua sugestão e lá fomos nós para o centro Seara Bendita. Depois de quase duas horas no trânsito, fomos superbem acolhidos e passamos por uma triagem na qual relatávamos o que estávamos vivendo, tomamos um passe e, ao final, fomos embora com uma prescrição de tratamento espiritual. Teríamos que voltar lá todas as semanas, em um horário que seria humanamente impossível por causa do trânsito; por isso, decidimos que não conseguiríamos dar prosseguimento. Foi então que os próprios funcionários da Seara nos sugeriram frequentar a Federação Espírita do Estado de São Paulo (FEESP). E lá estávamos nós na semana seguinte.

O que não estava pronto na semana seguinte foi o contato do dr. Marcelo com o tal amigo neurocirurgião do Hospital das Clínicas (HC). Mas eu estava tão bitolada em acreditar que tudo o que estava acontecendo era apenas uma oportunidade de criarmos a realidade que queríamos ver manifestada, que apenas falei para Ricardo: "Semana que vem a gente liga de novo". E pronto.

E na semana seguinte ligamos novamente. Dr. Marcelo atendeu o telefone e mandou que pegássemos papel e caneta. Ditou o endereço do setor de neurocirurgia do HC, o dia da semana e o horário em que deveríamos estar lá e o nome do médico por quem deveríamos procurar, dr. Hector Navarro. Segundo ele, o dr. Hector nos atenderia e, se o interesse dele no caso realmente se confirmasse, ele operaria Ricardo.

Um pouco antes do Natal de 2013, nos dirigimos ao setor de neurocirurgia, localizado no Instituto de Psiquiatria. Chegando lá, uma fila de pessoas aguardava a sua vez de ser atendida. Aguardamos a nossa e, depois de quase duas horas esperando, fomos chamados para dentro de um dos consultórios por um senhor de meia-idade bastante econômico em seus sorrisos.

Assim que entramos na sala, ele pediu que Ricardo contasse o que havia acontecido com ele, enquanto olhava seus exames. Em menos de dois minutos lá dentro, ele interrompeu Ricardo e, com seu sotaque argentino e pouco tato, disse: "Você tem um tumor que está crescendo. Não sei por que não operou até agora. Eu sou o maior especialista nesse tipo de tumor há trinta anos na América Latina. Se você quiser, eu te opero". Simples assim.

Ricardo e eu nos olhamos, incrédulos. Eu sorri para ele. Eu sabia que ele estava com medo. Eu sabia que ele tinha um medo enorme de que a cirurgia deixasse sequelas e ele se transformasse em um peso para sua família. Eu sabia que, naquele momento, ele estava sentindo ao mesmo tempo a maior alegria e o maior medo que já sentira na vida. Mas estava tudo bem: ele seria operado pelo maior especialista em seu tipo de tumor, em uma cirurgia de mais de 200 mil reais, sem gastar nenhum centavo.

Foi ali que eu comecei a acreditar em milagres. **Porque eles aconteciam – todos os dias.**

Não se viaja pelo espaço sideral
apenas contemplando as estrelas.

19.

Sempre achei que só fosse experimentar a paz quando os conflitos se resolvessem: quando eu ganhar tanto por mês; quando este problema familiar se resolver; quando eu tiver tal relacionamento; quando eu perder aqueles quilinhos... Briguei muito comigo mesma e com a vida em busca do fim de conflitos que, hoje entendo, apenas me possibilitavam o maior dos aprendizados: a paz não é a ausência de guerra. A paz é o respirar macio, mesmo com bombas explodindo ao seu redor. Não, não é fácil. A missão é bem difícil, trabalhosa e complexa. Mas eu entendi que este é o único caminho. Você achar que vai estar em paz quando determinada situação acontecer é o mesmo que se postar na frente do espelho e desafiar seu próprio reflexo: "Só vou sorrir se você sorrir primeiro!". Simplesmente não vai acontecer.

Já fazia quase um mês que estávamos frequentando a FEESP. Nos sentíamos muito bem lá, e os passes realmente acalmavam nossa alma. Ricardo estava fazendo um tratamento cujo apelido era "caminha", porque ele se deitava em uma maca em volta da qual se reuniam seis médiuns diferentes, com a intenção de causar uma mudança profunda e significativa em seus corpos físico e espiritual. Esse tratamento era indicado apenas para pessoas com comprometimentos reais de saúde.

O meu tratamento era mais simples e envolvia dois passes diferentes. Um deles, individual, se iniciava com uma palestra sobre algum trecho da obra *O Evangelho segundo o Espiritismo*, logo após a qual acontecia o passe; e outro, mais demorado, que acontecia no auditório da federação. Primeiro havia uma breve exposição sobre algum tema; depois vinham as vibrações pelas pessoas e pelo planeta e, na sequência, o médium indicado pela casa trazia palavras e recomendações do outro plano.

O passe, que durava no total quase uma hora e meia, era aberto ao público e qualquer um poderia participar. No início, Ricardo ia para a "caminha" e depois ficava me esperando na lanchonete, mas, um belo dia, conseguimos nos organizar para chegarmos mais cedo e, sendo um dos primeiros a ser atendidos, ele conseguiu me acompanhar na sessão.

Todas as sessões eram presididas por um senhor, já na casa dos 80 anos, extremamente simpático e extrovertido, chamado Samuel. Seu apelido era Samuca e, diziam, tinha trabalhado por quarenta anos junto a Chico Xavier. Ele iniciava todos os encontros e, ao final, encerrava a sessão dando os últimos avisos, quando haviam.

Era uma sexta-feira, véspera de Carnaval, e, ao final do encontro, Samuca deu as últimas recomendações. Avisou os horários em que a federação estaria funcionando durante o feriado e, em determinado momento, olhou diretamente em nossa direção e disse: "Quando acabarmos quero falar com você. Fique dentro da sala, por favor".

Devia haver cerca de sessenta pessoas no auditório, no mínimo. Ricardo e eu nos entreolhamos, e eu senti um arrepio percorrer minha espinha. Ainda ficamos na dúvida se Samuca estava se dirigindo a Ricardo ou a mim, mas logo ficou claro que era com Ricardo que ele queria falar. Então, eu saí do auditório e fiquei esperando no portão, que já se fechava marcando o encerramento das atividades do dia.

Depois de uns cinco minutos, Ricardo se aproximou de mim claramente consternado. Chorando muito, me contou que Samuca tinha perguntado a ele onde é que o tumor estava e, tendo respondido que era na cabeça, ele perguntou se era grave. Ricardo respondeu que sim. Samuca, então, disse que existia um local cujo endereço ele não se lembrava, mas que era um centro de cura espiritual. Passou o telefone de sua casa para Ricardo e, depois de ter perguntado se viajaríamos no feriado, pediu que telefonássemos para ele na segunda-feira para pegar o endereço e ir até lá na semana seguinte.

Nós nos abraçamos e tivemos absoluta certeza, naquele momento, de que algo muito especial havia acontecido. Como ele sabia que Ricardo tinha um tumor? Será que alguém da "caminha" havia dito algo a ele? E como ele identificara Ricardo em meio à multidão, uma vez que nunca haviam se falado diretamente? Ao mesmo tempo que nos perguntávamos todas essas coisas, nos sentíamos profundamente idiotas. Estávamos em uma casa espírita, e haviam inúmeras outras formas de Samuca ter recebido essa informação que não envolvia seres humanos e suas conversas no elevador.

Fomos para a casa da minha mãe naquele dia nos sentindo entre agradecidos e temerosos. **Algo de verdade estava acontecendo.** O Ri, que não tinha plano de saúde nem perspectiva de fazer uma cirurgia até poucos meses antes, agora havia sido admitido no setor de neurocirurgia do hospital para ser operado pelo maior especialista na área sem desembolsar um único real – e, de repente, estava sendo encaminhado pelo plano espiritual também.

Ao mesmo tempo que sentíamos alívio por perceber que as portas estavam se abrindo à nossa frente sem nenhum tipo de esforço de nossa parte, tínhamos medo. Se, por um lado, as perspectivas eram totalmente positivas, por outro, a ideia de uma cirurgia cerebral era assustadora. E ter recebido esse acalento de Samuca nos encheu de esperanças de que, sim, tudo acontecia por um motivo e de que nada estava sendo aleatório em nosso caminho.

As peças estavam se encaixando. Só não sabíamos qual seria a imagem que surgiria diante de nós quando o quebra-cabeças se completasse.

A Natureza possui grandes exemplos de vida harmônica e equilibrada, mas, infelizmente, estamos tão envolvidos em uma vida antinatural e afastada de seus ciclos que mal percebemos que esses ciclos existem.

A nuvem não resiste em se transformar em chuva e cair em direção ao solo, a árvore não resiste em ser banhada pela chuva e o solo não resiste em absorver a água que cai. Por que nós resistimos tanto?

Havia pouco mais de um mês, em um exame de rotina na ginecologista, tinha sido descoberto algo suspeito no colo do meu útero. Como eu tinha um histórico de ter contraído HPV (um vírus sexualmente transmissível que representa a maior causa das mortes por câncer de colo do útero em idade reprodutiva no Brasil) havia mais de quinze anos, minha médica me solicitou uma biópsia, que demoraria mais de um mês para ficar pronta.

Enquanto eu esperava o resultado da biópsia, fui invadida pelo mais absoluto pânico. E se fosse o retorno do HPV? E se fosse um câncer? E se eu tivesse que fazer algum tratamento sério que me inviabilizasse de construir uma família com o homem que eu amava? Eu nunca havia de verdade pensado na possibilidade de engravidar e ter um filho, mas, desde que eu conhecera Ricardo, nunca duvidei de que isso aconteceria. Aquela biópsia me fazia sentir como se uma bigorna estivesse sobre minha cabeça.

Felizmente, a biópsia não acusou nada importante e tudo não passou de um susto. Mas ter vivido isso me fez levantar algumas questões sobre o modo como eu queria conduzir minha vida dali em diante, principalmente no que se referia ao planejamento de uma família.

Comecei a me atormentar com questionamentos a respeito da maternidade: seria o relógio biológico? Será que tudo isso havia sido um aviso ou um sinal de que eu deveria prestar mais atenção nesse assunto? Será que o Universo gostaria que eu me tornasse mãe?

Um dia, em mais uma consulta com minha médica, ela me disse a coisa mais sábia que eu poderia escutar: "Se quer saber o que o Universo espera de você, pare de evitar a gravidez! Se você engravidar, é sinal de que ele queria que fosse assim. Que tal?".

Aquela era, definitivamente, a pior hora para pensarmos em engravidar. Afinal, estávamos esperando por uma cirurgia que poderia significar nosso tudo ou nosso nada. Não morávamos juntos, Ricardo estava em uma fase de transição entre trabalhar como designer *freelancer* aceitando *jobs* esporádicos e trabalhar definitivamente comigo, e eu, como autônoma, dispunha de zero segurança ou estabilidade para ficar parada sem contar com uma licença-maternidade que segurasse as minhas pontas.

Mas, apesar de a cabeça dizer uma coisa, o coração dizia outra completamente diferente. E foi assim que, no início de 2014, Ricardo e eu decidimos ter um filho.

Como foi que chegamos

até aqui?

20.

A sua natureza é o ser humano perfeito em toda a sua glória, transbordante de alegria, saúde física e mental e abundância material e espiritual. Só o seu medo te afasta de resplandecer-se em toda sua plenitude. Só o seu medo lhe diz coisas que não são verdade, coloca sua capacidade ilimitada em xeque e perturba sua mente com indagações de "e se?". Mas está tudo bem. Nada está de modo que não deveria ser. Transcender nossa mente e superar nossos medos é parte do que viemos fazer aqui: é o desafio comum a todos nós. Por isso, vigie seus pensamentos e corrija-os sempre que necessário, sem se esquecer nunca de que a sua natureza é o ser humano perfeito – sua mente é a única que lhe diz o contrário.

Estamos em uma longa fila que se estende por detrás de uma porta. Somos dois dos últimos a chegar. As pessoas conversam entre si, algumas alegres, outras nem tanto. Algumas carregam garrafas de água mineral, e eu me pergunto se também deveríamos estar levando algumas. Muitas pessoas estão carecas. As mulheres usam turbantes coloridos. Algumas crianças choram no colo de suas mães. Todos aparentam querer estar em outro lugar que não ali. Mas estamos todos aqui, nesta fila. Do lado de cá desta porta. E eu espero que o lado de lá guarde coisas boas para todos nós.

Nunca vou me esquecer da primeira vez em que pisamos na Casa Luz Caminho da Caridade. Foi em uma terça-feira no início de março que conhecemos o dr. Albano, que mudou nossa vida para sempre.

Assim que entramos na Casa Luz, fomos recebidos por um senhor sorridente que, depois de nos perguntar se era a nossa primeira vez ali, nos indicou uma fila para a sala de passe. Depois do passe, uma nova fila para se sentar em um auditório. Uma música suave tocava nas caixas de som. Assim que as pessoas entravam, eram questionadas se estavam em quimioterapia. As que diziam que sim eram conduzidas para uma salinha no fundo desta principal. As que diziam que não se sentavam nas cadeiras próximas às nossas.

Depois de alguns instantes, um homem subiu ao palco e deu as boas-vindas aos presentes. Muito calmamente e em tom de voz tranquilo, anunciou o palestrante do dia – e qual não foi nossa surpresa quando ele subiu ao palco? Assim que Samuca pegou o microfone, cumprimentou a todos e disse: "Antes de mais nada: o irmão Ricardo está aqui?".

Um novo arrepio percorreu minha espinha. Nós havíamos pegado o endereço com ele na semana anterior, mas não havíamos dito quando iríamos. Na verdade, esta era nossa segunda ida à Casa Luz; a primeira havia sido na semana anterior, mas, por conta do Carnaval, ela estava fechada – e não havíamos avisado a Samuca que nossa ida tinha sido frustrada. Mais uma vez, Samuca não parecia ser alguém que precisava ser avisado de alguma coisa.

Ricardo levantou a mão e, mais do que depressa, Samuca se dirigiu a outro homem – alto, magro, chamado Tadeu – dizendo que ele era o irmão de quem ele havia lhe falado e que, ao final da palestra, fosse recebê-lo para "passar com o doutor". Nós, que naquele momento não fazíamos ideia do que aconteceria e de quem era o doutor, apenas sorrimos na direção de Tadeu.

Samuca, então, iniciou os trabalhos daquela noite, e o tema de sua palestra foi, justamente, o perdão. O perdão que devemos dar aos outros não porque mereçam, mas **o perdão que damos aos outros porque nós é que somos os maiores beneficiados quando perdoamos**. Me lembro de mais uma vez ter tido aquela sensação de minhas verdades sendo proferidas pela boca de outra pessoa, mas, depois que havia adentrado a senda da espiritualidade, isso era algo com o que eu começava a ficar habituada.

Assim que a palestra acabou, Samuca voltou a chamar Tadeu. Ao descer do palco e caminhar em direção à salinha dos fundos e passar por nós, Samuca nos pediu que o acompanhássemos. E lá fomos nós.

A salinha era pequena e estava apinhada de gente – mães com crianças, em sua maior parte. O ar-condicionado estava gelado, e a luz azul que brilhava pendente do teto só fazia o ambiente ganhar um ar mais mágico ainda. As pessoas estavam em roda, aparentemente em uma fila circular. Assim que entramos, Samuca foi para o meio delas e se dirigiu a um homem gordinho, de cabelos brancos e olhos profundamente azuis.

"Albano", disse ele, "este aqui é o rapaz de quem lhe falei". E, no mesmo instante, o homem puxou Ricardo para o centro da roda e colocou as duas mãos em sua cabeça dizendo, com a maior naturalidade do mundo: "Até que enfim, meu filho. Já estou te tratando há mais de um mês". Senti um arrepio percorrer minha espinha, e meus olhos se encheram de lágrimas de gratidão. Ele continuou: "Isso vai sair daí. Você não merece esse carma".

Eu fitava a cena de olhos esbugalhados. Ele deu pequenos apertões no pescoço de Ricardo e dizia algumas coisas em voz baixa que não conseguíamos escutar. Lá pelas tantas, fitou Ricardo no fundo dos olhos e perguntou: "Você vai ser curado. Você acredita que possa ser curado?". E Ricardo respondeu: "Acredito".

Delicadamente, ele voltou Ricardo na direção de um grande quadro pendurado na parede, exibindo a face plácida de Jesus, e disse: "Olha pra Ele, pra esse olhar. Você acredita que Ele possa te curar?". E Ricardo falou mais uma vez: "Sim, acredito". O homem disse:

"Fala em voz alta, então". E Ricardo repetiu: "Eu acredito que posso ser curado". "Que assim seja. Lembre-se deste olhar. Não se esqueça do olhar Dele", finalizou e então se dirigiu a mim.

"Você, a esposa. Está fazendo muito bem a sua missão neste mundo. Estamos muito gratos a você pelo seu trabalho", começou ele enquanto me puxava pelo meio da roda esfregando o polegar em meu pulso. Eu não sabia o que dizer, então apenas sorri. Ele continuou: "Quantos filhos?", e neste momento apertou minha barriga na região das costelas. "Nenhum", respondi. "Pois serão dois, e farei ambos os partos. E vão ser que nem rojão, bum! bum, um atrás do outro." "Sério?", perguntei, já me emocionando. Eu, que tinha me aberto para me tornar mãe havia menos de um mês, me emocionei e comecei a chorar naquele exato momento. "Se assim você quiser. Amor existe, para estes dois. Abençoados sejam." E sempre esfregando meu pulso delicadamente com o polegar, me disse que eu estava ótima e que podia ir em paz.

Era a deixa para que saíssemos da sala. Na porta, Tadeu nos esperava com uma garrafa de água mineral. Nos orientou quanto ao uso correto da água, que deveria ser ingerida em jejum na quantidade de 100 ml durante os próximos quinze dias. Quando a quantidade dentro da garrafa diminuísse de um terço, deveríamos encher a garrafa novamente com água filtrada até a boca. Deveríamos voltar depois de quinze dias.

Fomos embora, e ninguém ousou abrir a boca durante o percurso para casa, cada um entretido com sua própria experiência. Apenas quando já estávamos deitados para dormir conseguimos trocar algumas palavras.

Eu disse: "Vai ficar tudo bem". Ele respondeu: "Já está tudo bem".

Tudo que aconteceu na sua vida
o trouxe até o momento presente.

21.

O que diriam? O que as pessoas que me seguem, que me prestigiam, que me reconhecem na rua e que me chamam de mestra diriam se soubessem? Se apenas soubessem. Me sinto uma farsa. Eu digo coisas e digo coisas e digo coisas, mas será que estou pronta para praticá-las? Será que estou pronta para viver aquilo que eu prego como certo, dia após dia? Falo tanto de aceitação, de acolhimento – e realmente acredito nisso! Mas será que estou pronta? Tenho medo de não estar. Meu Deus, tenho medo. Respiro fundo. Deixo o ar sair e, com ele, libero um pouco de meu medo. Fecho meus olhos: imagino a cena que quero viver um dia. Eu, ele, nossos filhos. Abro os olhos. É com esta realidade que tenho que me conectar. O medo é apenas ilusão.

Apesar de bastante ligada à espiritualidade, eu sempre fora muito cética em relação àquilo que meus olhos não podiam enxergar, no maior estilo São Tomé de ser: para mim, era ver para crer.

Não é que eu duvidasse de que Deus existisse, de que a fé curasse, de que o corpo se comportasse como a mente mandava. Eu acreditava, e essas coisas faziam sentido na maior parte do tempo. Mas, de vez em quando, minha mente me traía, não importava quanta meditação eu tivesse feito. Era como se uma parte minha estivesse constantemente com o abdome contraído, esperando pela porrada definitiva: não, eu não viveria meus sonhos ao lado do homem que amava e que havia escolhido para dividir a vida porque não, a vida não era perfeita e não, não se podia ter tudo. Eu estava entupida de crenças limitantes das quais tinha absoluta consciência e, por mais que eu tivesse ferramentas para lidar com elas, mais cedo ou mais tarde tudo começava de novo.

Por isso, no dia seguinte em que fomos à Casa Luz, acordei com aquela sensação de sonho. Será mesmo que aquilo tinha acontecido? O que me garantia que aquele homem gordinho de cabelo branco e olhos azuis que atendia pelo nome real de Euclides realmente incorporava o tal dr. Albano, médico espiritual da mesma categoria de André Luiz e Bezerra de Menezes? E a resposta óbvia era: nada. Nada me garantia. Na verdade, nada garantia nada. Não havia garantia que o tumor de Ricardo voltasse a sangrar ou que continuasse a crescer. Nada garantia que ele, se fosse chamado para a cirurgia, não morreria em pleno procedimento. Nada garantia nada, e a única coisa que poderia nos guiar verdadeiramente pelo caminho era aquilo que nos dizia nosso coração.

Mas como o Universo não dá ponto sem nó, mal abri os olhos e fitei meu pulso e lá estava ele: um hematoma gigante, no exato ponto em que dr. Albano havia esfregado tão delicadamente seu polegar. Parecia que ele sabia que eu muito em breve duvidaria de tudo o que ele havia dito e tinha, propositalmente, criado aquele hematoma ali para me lembrar de que existiam mais coisas entre o céu e a terra do que pressupunha minha vã filosofia. Se um simples massagear era capaz de criar um hematoma preto e horroroso, o que mais era possível acontecer?

Quer você se dê conta disso ou não, quer você compreenda ou não: tudo aquilo que você deseja viver e experimentar está à sua disposição no aqui e agora. A vida na tridimensionalidade é, sim, repleta de desafios, mas porque este é o outro lado da moeda. Porque a quantidade de bênçãos que nos rodeia é infinita e estão todas à nossa disposição quando nos permitimos aceitar vivenciá-las. Não estaremos aqui para sempre – **a vida é muito curta para experimentar tudo o que está ao nosso alcance**. Por isso, não perca tempo com o desnecessário e dedique sua existência e o milagre que é estar vivo ao que realmente importa: **amar as pessoas como se não houvesse amanhã**. Porque você nunca sabe por quanto tempo, ainda, estará por aqui. E, quando tudo acabar, o mais importante será a certeza de que tudo, absolutamente tudo, tenha valido à pena.

Naquele mesmo dia, após a manhã de atendimentos, fui me encontrar com meu pai para almoçar no shopping. Foi um almoço engraçado, em que várias coisas sincrônicas aconteceram. Para começar, assim que entramos no restaurante, dei de cara com Mario Sergio Cortella, filósofo e comunicador de quem eu sempre fui fã absoluta. Ele estava sentado a algumas mesas de distância, e, assim que eu o vi, fiquei morrendo de vontade de falar com ele, mas me contive. Lembranças de meu tempo de adolescência, em que condutas ligeiramente fóbicas me perseguiam ou não, fizeram-me perceber que o motivo de não o abordar era o medo, então me levantei e fui dar oi. Ele foi superatencioso e nosso papo de dois minutos e meio rendeu uma foto que eu, mais tarde, compartilharia nas redes sociais.

Meu pai e eu tivemos um longo almoço. Conversávamos sobre a vida, sobre os acontecimentos do dia anterior e sobre a perspectiva da cirurgia de Ricardo quando, lá pelas tantas, vi que meu celular exibia várias ligações perdidas dele. Mais do que depressa liguei para Ricardo, louca para contar que havia conhecido o Cortella, quando de repente ele me diz: "Me ligaram do HC. Querem que eu me interne na sexta-feira".

A verdade é que, por mais que tenhamos procurado um neurocirurgião e agradecido a Deus pela oportunidade de Ricardo ser operado por uma sumidade no assunto, não estávamos preparados para a cirurgia em si. Tanto é que, do lado de cá do telefone, imediatamente minha boca secou e senti a descarga de adrenalina atingir minhas pernas, exatamente como quando sofremos um assalto ou tomamos um susto muito grande. Do lado de lá da linha, Ricardo admitiu que havia mentido, dizendo ao médico que estava fora de São Paulo e que não sabia quando conseguiria retornar à cidade. O médico havia respondido que, caso ele não comparecesse à cirurgia, iria para o final da fila. Apesar de ambos estarmos morrendo de medo, ao mesmo tempo sabíamos que não havia muito a ser decidido.

Havia chegado a hora, e agora era tudo ou nada.

Tudo que aconteceu na sua vida o trouxe até o momento presente. Este, exatamente agora. Tudo que aconteceu serviu para que você estivesse onde está neste exato momento. Exatamente aí. Nada poderia ter sido diferente, porque, se pudesse, teria sido. Tudo teve que acontecer do jeito que aconteceu e nem sempre a sua mente vai compreender exatamente os motivos e os porquês; por isso procure abstrair-se do porquê e pense apenas no para quê. Para quê? Para lhe ensinar o quê? Com que finalidade uma coisa ou outra está acontecendo é tão importante quanto o que está acontecendo em si. Na verdade, algo me diz que quase não importa o que acontece. Importa, apenas e tão somente, o que você faz com isso.

Naquela tarde, voltei para o consultório agradecendo o fato de estar lotada de pacientes e de não ter tido tempo hábil para cancelá-los – o que eu teria feito caso tivesse falado com Ricardo uma hora antes. Eu tive bastante tempo para digerir a informação da convocação para a cirurgia em uma parte do meu cérebro, enquanto outra se ocupava de processar outras informações, vindas de meus pacientes. Por coincidência, uma de minhas pacientes da tarde me contou uma história sobre uma vizinha que havia sido diagnosticada com um câncer no fígado e, depois de passar por uma cirurgia espiritual, o tumor simplesmente sumiu, não aparecendo mais em nenhum exame ou procedimento. No atendimento seguinte, outro paciente comentou que havia perdido um primo de infarto fulminante enquanto jogava tênis, aos 38 anos. Eu, que já estava me habituando com a linguagem simbólica do Universo, entendi o recado. Pessoas se curavam milagrosamente, e pessoas morriam repentinamente. Era o bastante para mim naquele momento.

Ricardo e eu havíamos combinado que ele voltaria à Casa Luz naquela noite e procuraria falar com dr. Albano sobre a cirurgia. Nós estávamos preparados para os quinze dias tomando a tal água milagrosa e em momento nenhum havíamos considerado a possibilidade de ele ser chamado para a cirurgia antes desses quinze dias. Então, lá foi ele, enfrentar mais uma fila imensa para ouvir de Tadeu o que já sabíamos: dr. Albano estava tratando dele já fazia mais de um mês e talvez precisasse da ajuda de médicos encarnados para terminar de curá-lo.

No dia seguinte, logo de manhã, Ricardo ligou para o médico que havia entrado em contato com ele no dia anterior para dizer que "conseguiria estar em São Paulo no dia seguinte", mas o médico não atendeu o telefone. Ele insistiu mais duas ou três vezes, e nada do médico retornar a chamada – e a dificuldade de entrar em contato com ele começou a mostrar o que nós verdadeiramente queríamos. Nós queríamos a cirurgia. Estávamos com medo, era verdade; mas na hora em que ela se mostrou talvez inacessível, **nosso coração mais do que depressa apontou o caminho**.

Lá pelas tantas, Ricardo mandou uma mensagem ao médico dizendo que aceitava a cirurgia, se ela ainda pudesse ser realizada, e a palavra "aceito" tinha um significado muito profundo para ele. Porque desde que descobrira o tumor, havia quase quatro anos, em momento nenhum ele de fato aceitou a possibilidade cirúrgica como a melhor para si. Ele tinha medo e resistia à cirurgia, e assim transformava o procedimento e todos os riscos em monstros muito maiores do que verdadeiramente eram. Fantasiava realidades em sua cabeça nas quais ficava cheio de sequelas, inválido, dependendo da família. Ou tecia histórias fantasiosas nas quais perdia a memória e não se lembrava mais de nada nem de si mesmo. Nunca julguei seus medos e suas fantasias porque, sinceramente, achava até que ele lidava bem demais com a situação – acho que eu fantasiaria coisas mil vezes mais graves. Mas, de qualquer forma, ter falado que ele aceitava a cirurgia pareceu ter tido um efeito bombástico no Universo, que mais do que depressa respondeu à aceitação. Minutos após ter enviado a última mensagem, o médico respondeu por SMS: ele deveria estar no dia seguinte às oito horas da manhã no departamento de neurocirurgia para a avaliação final.

Os dados haviam sido lançados, e só nos restava esperar que nossas vontades fossem as mesmas da inteligência superior.

No fundo, no fundo,
esta é a única coisa
que importa no mundo:
onde você está e o que
é neste momento.

22.

Espera. Espera. Espera. Pessoas desfilam à nossa frente, indo e vindo. Um homem grita com a enfermeira, que o trata gentilmente. Ele se queixa de dor no maxilar. Tem a boca torta. Ele fala alto, para quem quiser ouvir, que os médicos erraram com ele. Eu não quero ouvir e me distraio com o jogo de sinuca do celular. Na minha realidade, nesta aqui, que eu estou cocriando, os médicos não erram, não existe dor, e boca nenhuma fica torta. É nisso que vou acreditar.

No domingo seguinte, Ricardo foi internado para a realização do procedimento cirúrgico que retiraria o tumor de seu cérebro. Depois de passarmos em consulta na sexta-feira, dr. Iury, médico-residente do quarto ano de neurocirurgia, nos explicou quais seriam os procedimentos seguintes, que não incluíam uma nova tomografia. Ricardo se manifestou, pedindo para que ele fosse submetido a um novo exame. O médico resistiu, dizendo que não era necessário porque o tipo de tumor que ele tinha não mudava assim em tão pouco tempo. "Eu não sei se o tumor mudou, mas eu mudei", respondeu Ricardo. E, com essas palavras, ele conseguiu convencer o médico a submetê-lo a uma nova tomografia, a ser feita no domingo. A cirurgia seria realizada na segunda-feira.

Na verdade, tanto eu quanto Ricardo tínhamos a esperança de que o tumor tivesse desaparecido. Quando nos dirigimos para o hospital naquele domingo, nem por um momento passou pela minha cabeça que eu voltaria sozinha para casa. Acho que estava com a atenção tão focada em viver o presente que não me preparara para aquela noite separados – e ela foi a pior de todas.

Na semana anterior, havíamos feito a via-sacra de visitar todas os familiares dele que não sabiam que ele faria a cirurgia. Ele nunca havia aberto o jogo sobre sua real condição com ninguém a não ser os irmãos, as cunhadas e os pais, de modo que, na iminência de ser operado, quis conversar pessoalmente com todos os familiares mais próximos – o que, no caso dele, representava umas vinte pessoas. Assim, os dias entre ele receber a ligação do hospital e ser internado foram bastante corridos e passaram voando.

Quando domingo chegou, lá fomos nós para o HC. Minha irmã nos acompanhou e ficou conosco quase a manhã inteira. Na parte da tarde, ela foi embora, e permanecemos apenas nós dois no hospital. Eu nem podia estar ali, pois existiam horários de visita a ser cumpridos. Mas as enfermeiras e os demais funcionários perceberam o quanto estávamos apavorados e fizeram vista grossa para o nosso entra e sai da enfermaria.

Todas as minhas lembranças desses primeiros momentos no hospital são um pouco confusas. Talvez o baque tenha sido tão pesado que eu bloqueei um pouco as coisas, como um mecanismo de defesa da mente para não sofrer todas as vezes que pensasse no assunto. Porque foi muito sofrido. Ver o Ri com a roupa de internado, desprovido de toda a sua identidade, em um hospital cercado de pessoas com comprometimentos variados que iam do completo silêncio a contar a mesma história dezenas de vezes repetidamente foi difícil demais. Eu já havia compartilhado, nas redes sociais, o que estava acontecendo fazia alguns dias. E o que mais me confortou, em todo o processo, foi saber que em todos os cantos do planeta, literalmente, havia pessoas orando por nós, enviando energias positivas, fazendo sessões de cura à distância e até mesmo jejuando por nós.

Viver tudo isso em tempo real nas redes sociais foi, para mim, um capítulo à parte. Justo eu – que durante boa parte da minha vida me tornara uma exímia fingidora de que estava tudo bem porque achava que seria mais amada se fosse forte – estava vivendo um drama pessoal de forma totalmente pública. De repente, não fazia mais sentido nenhum ocultar as minhas fragilidades, porque eram justamente elas que estavam me trazendo o amor que eu sempre buscara. Minha vulnerabilidade, e não minha aparente força e indestrutibilidade, estava me trazendo força, apoio e suporte. O que não deixava de ser irônico.

Nunca vou me esquecer da noite que deixei Ricardo no hospital e fui para casa sozinha. Meus sogros haviam ido visitá-lo e, quando deu o fim do horário da visita, tivemos que ir embora. Todos os familiares haviam ido e os enfermeiros não tinham mais como fazer vista grossa para nossa permanência ali. Eram quase dez da noite quando disse boa-noite, prometendo que antes das sete da manhã do dia seguinte estaria ali de novo. Me segurei o máximo que pude para não chorar, mas, assim que chegamos ao estacionamento e meu sogro foi buscar o carro, eu abracei minha sogra e desabei.

A verdade é que eu vinha segurando as emoções fazia muito tempo. Havia quase um ano estávamos namorando e, por todo esse tempo, eu vinha respirando fundo e corrigindo os meus pensamentos a cada vez que minha mente me levava para uma realidade em que meus medos se tornavam reais. E, agora que estávamos tão perto de resolver a situação, todas as emoções que eu havia segurado ao longo daquele tempo vinham à tona e eu não conseguia parar de chorar. Minha sogra tentava me consolar, mas ela também estava assustada. Hoje, sendo mãe, não consigo imaginar o que ela devia estar sentindo naquele momento.

Quando meus sogros me deixaram em casa, pedi para estacionarem na frente da padaria. Comprei dois pãezinhos (eu não havia comido nada o dia inteiro) e um maço de cigarros. Eu não conseguia pensar em outra forma de segurar a minha onda e atravessar aquela noite. Assim que cheguei em casa, acendi um deles e vi que Ricardo tinha me ligado algumas vezes. Retornei a ligação e, do outro lado da linha, consegui sentir que ele estava assustado. Naquela noite, entre promessas de que ficaria tudo bem e tragos descontrolados em cigarros mentolados, tive a maior certeza de minha vida: eu ficaria ao lado daquele homem para sempre, não importava o que acontecesse.

Não consegui dormir mais do que duas ou três horas naquela noite. No dia seguinte, cheguei ao hospital antes das sete da manhã, depois de ele já ter me mandado duas ou três mensagens perguntando por que eu estava demorando para chegar. Quando o vi, a primeira coisa que reparei foi que do lado direito de sua cabeça havia um grande X marcado em caneta preta. Ele brincou dizendo que era uma garantia para que não abrissem o lado errado, mas nem mesmo seu sorriso forçado conseguiu ocultar o fato de que ele estava morrendo de medo.

Logo meus sogros chegaram ao hospital. A expressão no rosto de minha sogra me contou que ela também não havia dormido nada. Ficamos com ele até por volta das oito e meia, quando, finalmente, Ricardo foi levado para o centro cirúrgico. Os enfermeiros me deixaram entrar no corredor que conduz ao preparo, onde nos despedimos entre lágrimas. Eu sentia meu corpo inteiro tremer por dentro, mas Ricardo sorria. As últimas coisas que ele me disse antes de ser transferido para a maca foi: "Como disse seu pai, herói é aquele que faz aquilo que precisa ser feito, a despeito de qualquer outra coisa. E eu preciso fazer isso".

E foi assim que começou o dia mais longo da minha vida.

Vivemos a vida adormecidos. Sonhamos com a imortalidade, como se não fôssemos morrer nunca, como se fôssemos ter tempo para tudo sempre. Para confessar aquele grande amor. Para pedir perdão. Para dizer a nossos pais e filhos o quanto os amamos, a despeito de tantas vezes na vida termos sido magoados por eles. Achamos que sempre vamos ter tempo para cuidar da saúde, para fazer aquela viagem, para construir a vida dos nossos sonhos. Ilusão. Nós não temos tempo. O tempo não existe e não é algo que se tenha – nós apenas contamos o tempo. Tique-taque. De que modo você quer viver sua vida? Tudo que existe é o momento presente e o agora. E o seu agora? O que você está fazendo com ele? Está construindo seu paraíso na Terra? Ou está apavorado, fugindo dos seus medos? No fundo, no fundo, esta é a única coisa que importa no mundo: **onde você está e o que é neste momento**. O resto é engano. O resto é ilusão.

Eu não conseguia ficar no hospital esperando do lado de fora do centro cirúrgico. Simplesmente não conseguiria ficar ali pelas próximas horas. Não havia conseguido, nem ao menos, saber quantas horas a cirurgia demoraria – talvez seis? Talvez oito? Quem sabe dez? Eles não sabiam dizer – tudo dependeria. Dependeria de quanto tempo demorassem para conseguir a anestesia. Dependeria de quanto tempo levariam para chegar ao tumor – e do quão ele estivesse irrigado, conectado a vasos sanguíneos. Dependeria de intercorrências que poderiam ou não acontecer.

Intercorrências. Eu odiava essa palavra e todas as ocasiões nas quais ela era pronunciada. Intercorrências significavam que, a qualquer momento, algo muito sério poderia acontecer e mudar o rumo de todo o processo – e da minha vida como um todo. Eu não podia nem sequer pensar em todas as intercorrências que poderiam acontecer, porque era tanta coisa que, se eu me demorasse muito pensando no tamanho do absurdo que estavam fazendo naquele momento – abrindo a cabeça do homem da minha vida e mexendo no centro de seu cérebro para tirar uma massa que não deveria estar lá –, eu praticamente duvidava que algo poderia não dar errado.

Os enfermeiros me aconselharam a ir para casa e voltar depois de cinco horas, pelo menos. Talvez eles conseguissem alguma notícia por volta desse horário. Mas cinco horas era muito tempo, e, depois de dez minutos em casa, eu já queria voltar para o hospital. Lembro-me de, em determinado momento, ter olhado pela janela em busca de um sinal de que estava tudo bem com Ricardo, e de ter visto, em quatro ou cinco janelas diferentes nos prédios ao redor, pessoas limpando os vidros. Naquele momento, eu pensei que este era um sinal: da mesma forma que aquelas pessoas estavam limpando os vidros, os médicos estavam limpando do cérebro de Ricardo tudo que não deveria estar ali. Lembro-me de chorar ao ter esse pensamento. **Era algo bom de se pensar.**

Três horas depois de ele ter entrado em cirurgia, eu estava de volta ao hospital. Eu havia tentado dormir um pouco, mas simplesmente não era possível. Ninguém tinha nenhuma informação ainda do que estava acontecendo com ele. Eu precisava saber de alguma notícia e, no exato momento em que começava a me desesperar, uma amiga de infância – filha de uma amiga muito querida da minha mãe –, que era médica e trabalhava no HC, me mandou uma mensagem dizendo que estava à minha disposição caso eu precisasse dela. No mesmo instante respondi que eu precisava, e precisava muito. Já fazia quatro horas que Ricardo estava em cirurgia e eu não conseguia saber o que estava acontecendo. Ela me assegurou que, assim que terminasse de atender a paciente que estava sentada à sua frente, iria até a neurocirurgia e tentaria entrar no centro cirúrgico para obter alguma notícia.

Dez minutos depois ela entrava no centro cirúrgico para, pouco depois, voltar com a notícia de que estava tudo bem. Ele estava sendo operado havia duas horas e meia, pois haviam demorado quase duas horas para obter o efeito anestésico necessário. Segundo ela, pelas quatro horas seguintes era provável que não tivéssemos mais notícia nenhuma, mas que ela voltaria mais tarde para tentar saber de algo.

Exatas cinco horas depois, ela novamente sairia do centro cirúrgico com a notícia que pareceu ser música para os meus ouvidos: a cirurgia tinha acabado, eles haviam removido o tumor completamente, o procedimento acontecera exatamente como os médicos esperavam, e Ricardo já estava na recuperação da anestesia, acordado e falando. Falando! Ele estava falando! Nenhuma sequela, nenhuma intercorrência, nenhum desastre. Ele estava vivo.

Eu só esperava que, para fechar o dia com chave de ouro, ele se lembrasse de mim.

Inspire, expire.
Acredite: tudo está certo
em ser como é.

23.

Espera. Sempre ela.

Os dias seguintes à cirurgia foram tensos. Ricardo reagiu muito mal à anestesia e à manipulação cirúrgica e sofreu muito com náuseas, que o faziam vomitar várias vezes ao dia. A medicação para a dor e os antibióticos passaram a ser ministrados na veia, porque, com os vômitos e a medicação indo embora, ele sentia muitas dores de cabeça. Em certa ocasião, eu entrei em uma piração que tinha certeza de que havia algo de errado acontecendo com ele e que os médicos não queriam me dizer; fiz meu pai sair de casa no meio do horário do rush de São Paulo para tentar obter alguma informação – quem sabe para outro médico dissessem algo. E os médicos haviam dito: não havia nada de errado acontecendo. O tumor havia começado a comprimir as estruturas internas do ventrículo em que estava alojado, iniciando um processo de hidrocefalia. O líquido precisava ser reabsorvido e, enquanto não fosse, a ânsia e os vômitos continuariam. Mas estava tudo bem.

Estava tudo bem. Eu não sabia lidar com isso. Eu estava acostumada a ter um namorado, homem da minha vida, com um tumor no cérebro – e não sabia como seria me relacionar com ele sem essa referência. Sem a sensação de que estava andando na corda bamba. **Sem um peso**

enorme sobre minhas costas. Na verdade, eu não sabia o que era ter um relacionamento comum, sem uma grande temática. Todo o meu passado amoroso havia sido marcado por grandes acontecimentos: o ex que tinha síndrome do pânico e não saía de casa sozinho nem para ir até a esquina; o outro que não tinha onde morar e que alojei em minha casa; o ex que, de repente, ao término do namoro, havia começado a fumar crack. O homem da minha vida com um tumor no cérebro. E, de repente, estava tudo bem. Ele era um homem comum, que me fazia feliz. Sem nenhum *looping* em uma montanha-russa maluca. Estava tudo certo.

"Você se lembra de mim?", havia sido a primeira coisa que eu perguntara a ele quando saiu do centro cirúrgico, e ele me respondeu: "Claro que sim". Semanas antes, tivéramos uma conversa sobre isso e ele me assegurara que não tinha mais medo de me esquecer. **"Eu me apaixonaria por você quantas vezes isso fosse possível."** Depois de alguns dias da cirurgia, ele confessou que quase me respondeu que não se lembrava só para zoar com a minha cara e ver minha reação, mas que mudou de ideia quando viu nos meus olhos que aquele era um medo real.

Tudo estava bem, mas eu estava lotada de medos. Na UTI, os horários de visita eram controlados e bastante rigorosos, então ficávamos juntos um pouco pela manhã e algum tempo à tarde, porém eram permitidas apenas duas pessoas por vez e apenas se os outros pacientes estivessem bem. Em uma ocasião, ficamos esperando, sua mãe e eu, o tempo todo da visita do lado de fora da sala porque uma idosa tivera que ser reanimada após uma parada cardíaca. Enquanto aguardávamos ser liberadas para entrar, víamos o entra e sai de médicos e enfermeiros apressados, carrinho de reanimação passando, e percebíamos que algo estava acontecendo. Não falamos absolutamente nada, mas eu sabia que, tanto quanto eu, a mãe de Ricardo rezava para que este algo não envolvesse o filho.

Mas a verdade é que nós tínhamos inúmeros motivos para nos sentir gratos por tudo o que estava acontecendo – e eu exteriorizava essa **gratidão**. Nas redes sociais, milhares de pessoas acompanhavam a evolução de Ricardo e se reuniam em grupos de oração e vibração. Minha prima, que é médica e na época vivia embarcada em uma plataforma de exploração de petróleo a 500 km da costa do Brasil, me contou que os trabalhadores da estação estavam se revezando em jejum e oração, de modo que a qualquer hora do dia ou da noite pelo menos dois deles estivessem de joelhos, pedindo a Deus pelo restabelecimento de Ricardo.

Só de me lembrar disso me vêm lágrimas aos olhos, porque naqueles dias eu aprendi algo muito importante. Eu, que sempre havia me esforçado para enganar as pessoas a respeito de minha força por acreditar que assim eu fosse ser amada pelos demais, estava me sentindo amada e apoiada de verdade pela primeira vez na vida justamente em uma situação que estava vivendo e na qual estava revelando minha fragilidade. Esse aprendizado foi tão poderoso e transformador que eu nunca mais enxerguei nem a mim mesma como antes nem as redes sociais como lugares superficiais e sem propósito. Eu sentia os milhares de pessoas ao meu lado, em cada instante do meu dia. **Eu sentia que, acontecesse o que fosse, eu nunca mais estaria sozinha.**

Inspire, expire. Acredite: tudo está certo em ser como é. Confie: existe uma razão maior para as coisas serem como são. Nada nunca esteve fora de ordem. Nada nunca deu errado para você. Experimente abster-se do julgamento de quem supostamente sabe tudo sobre tudo. Respire e abra-se para a imprevisibilidade da vida: às vezes as coisas aparentam sair de seu lugar, mas é só para se encaixar em seu lugar ideal.

Ricardo foi operado em uma segunda-feira. Ficou na UTI até quarta-feira, quando foi transferido para a enfermaria do departamento de neurocirurgia. Na sexta-feira ele recebeu alta. Quando ele me ligou dando a notícia de que podia ir embora, corri tão rapidamente para o hospital que me esqueci de que, quando foi admitido à cirurgia, vestiu as roupas azuis de paciente, e eu levei para casa suas roupas comuns e sapatos – e lá fui eu me despencando para o hospital sem levar nem um par de meias para ele usar. Tive que fazer duas viagens, mas nunca na vida enfrentei o trânsito de São Paulo mais feliz.

Como eu morava muito perto do Hospital das Clínicas, e os pais de Ricardo moravam em Osasco, e nenhum de nós cogitava a ideia de ficar nem um dia sequer separados, o natural foi que Ricardo se mudasse para minha casa (na verdade, a casa de minha mãe) e se recuperasse lá. Minha mãe e minha irmã viajaram de férias para a Itália, e a ajudante de minha mãe operara a coluna, de modo que seríamos apenas nós dois por um certo tempo. Em quinze dias, ele teria um retorno no HC para avaliar sua evolução pós-cirúrgica e tirar os pontos da cicatriz quando, também, seria dada a alta definitiva até a consulta de controle, um ano depois.

Eu havia tirado férias do consultório e não conseguia desgrudar dele um segundo. Os primeiros dias foram muito difíceis. Ele sentia muita ânsia de vômito e, apesar de ter saído do hospital com uma caixa cheia de remédios de diferentes cores, tamanhos e posologias, nenhum deles era para a náusea extenuante que ele sentia. Depois de um dia em que passei a tarde inteira fazendo nhoque de mandioquinha para receber seus pais e seu filho Bruno para jantar com a gente, Ricardo se sentou à mesa, sentiu o cheiro da comida e voou para o banheiro. Eu, então, criei coragem e mandei uma mensagem para o cirurgião, que me mandou dar um remédio para enjoo com a recomendação de que, se ele não melhorasse até o dia seguinte pela manhã, eu deveria seguir com ele para o pronto-socorro do hospital. Foi uma noite tensa, mas, graças a Deus, ele acordou bem melhor no dia seguinte e passou a tomar mais uma cápsula a cada doze horas.

Nas semanas que se seguiram, minha vida era: acordar, dar remédio e água do tratamento espiritual com o dr. Albano para Ricardo, checar na lista de remédios quais ele tinha que tomar e tentar fazer algo para ele comer. A única coisa de que ele tinha vontade era purê de batata, então eu mal pulava da cama e já estava descascando as benditas. Meia hora depois de acordar, ele já estava com sono de novo, então dormia e eu ficava de olho no relógio, pois logo no meio da manhã já tinham outros remédios para dar a ele. Eu, então, fazia almoço, ele acordava, comia duas colheradas e logo dormia de novo – e eu o acordava no meio da tarde para uma nova rodada da medicação. Eu fazia um sanduíche para ele comer à tarde, mas ele nem sempre comia e logo queria dormir de novo. Eu precisava lembrá-lo de tomar banho e escovar os dentes, pois ele nem se lembrava de que estas coisas existiam. Quando seus pais ou seu filho vinham visitá-lo, eu ficava morrendo de pena, pois eles cruzavam a cidade, muitas vezes no trânsito da hora do rush, para trocarem literalmente duas ou três palavras com Ricardo antes de ele simplesmente voltar para o quarto, se deitar e dormir sem nem ao menos dar boa-noite.

Na psicologia, existe uma expressão para definir o que acontecia com Ricardo: **embotamento afetivo, o que significa que ele não parecia sentir muita coisa**. Manter uma conversa era absurdamente difícil. Eu fazia uma pergunta, ele ficava olhando para mim como se estivesse congelado e, depois de um tempo que parecia estupidamente longo, ele respondia à pergunta monossilabicamente.

A impressão que eu tinha é que estávamos em uma eterna ligação internacional, com aquele *delay* entre uma frase e outra.

Evidentemente, eu sabia que muito estava sendo processado em sua cabeça. Eu nem consigo imaginar o que deve ser isso, um cérebro sendo cortado e os neurônios tendo que se regenerar e se reconectar uns com os outros. Na verdade, parecia um milagre que, depois de mais de oito horas sendo remexido, seu cérebro fosse capaz de processar o que quer que fosse, mas a verdade é que sua lenta recuperação me assustava. Muito do que havia sido fundamental no meu processo de encantamento por Ricardo tinha simplesmente, de um dia para o outro, desaparecido por completo. Ele mal parecia notar que eu existia. Nossas conversas desapareceram, ele não ria de nada, não fazia um comentário espontâneo sobre o que quer que fosse. Apenas respondia o que lhe era perguntado, de modo absolutamente lacônico, sem demonstrar nenhuma variação emocional. Se pedíamos uma pizza, e o interfone tocasse, por exemplo, ele simplesmente não tinha nenhuma reação. Se eu estivesse impossibilitada de atender, por estar no banho, por exemplo, eu tinha que pedir a ele que fosse à cozinha atender o interfone. Ele obedecia e, tal como um robô, fazia o que eu pedia sem mudar a expressão ou dizer nada.

Às vezes, quando estávamos assistindo à televisão, e ele vinha deitar a cabeça no meu colo, eu chorava em silêncio, sem que ele se desse conta disso – era quase como se apenas assim eu sentisse que eu ainda existia para ele. De vez em quando, na hora de dormir, ele me puxava para deitar a cabeça em seu ombro e me fazia cafuné. Se eu me emocionasse e começasse a chorar, por exemplo, ele não me perguntava o porquê. Mas dizia o mesmo "eu te amo" que sempre me falava antes de dormir. **A impressão é de que ele sabia que me amava – apenas não estava conectado com a emoção correspondente às palavras.**

Eu tinha tanto medo de que ele não voltasse a ser quem era que, um dia, depois de me lembrar de que uma antiga amiga dos tempos de faculdade havia se especializado em neuropsicologia, resolvi lhe mandar uma mensagem. Queria que ela, na verdade, me dissesse que era assim mesmo e que com pouquíssimo tempo de cirurgia não se podia falar em sequela, apenas em regeneração.

Um dia, conversando com minha irmã sobre o que estava acontecendo e sobre o que eu estava sentindo, contei como me dava desespero quando o via começar a escovar os dentes e não parar mais. Ou quando ia fazer xixi e mesmo depois de ter acabado ele ainda ficava ali, naquela mesma posição, fitando a válvula da descarga. Eu me torturava querendo saber no que ele pensava nesses momentos em que parecia perder a conexão consigo mesmo e com o mundo à sua volta – eu precisava ter alguma certeza de que o que estava acontecendo era apenas temporário. Ou, se por algum motivo, este era o novo Ricardo e eu teria que dar um jeito de me adaptar à situação e, devagar e sempre, estimulá-lo a ser a pessoa que ele sempre fora. Ela, depois de me ouvir muito, simplesmente disse:

"Por que você não pergunta a ele? Apenas pergunte no que ele pensa quando fica parado assim, divagando".

E, naquela mesma noite, quando ele começou mais um dos rituais de escovar o dente sem parar, bochechar sem parar e ficar se olhando no espelho até eu interrompê-lo sugerindo que fizéssemos algo, eu o questionei. Assim que entramos na fase do espelho, esperei uns dez segundos e perguntei: "No que você está pensando?". Ele permaneceu em silêncio, em seu *delay* usual. Eu temia pela resposta. Temia que ele não dissesse coisa com coisa ou que me dissesse que vinha sentindo algo físico que pudesse significar que o tumor não tivesse sido retirado totalmente, sei lá. Senti medo que ele respondesse algo que realmente provasse que o Ricardo de antes nunca mais estaria presente novamente. Entretanto, depois de alguns segundos ele simplesmente respondeu: "Se eu tivesse TOC eu estava fodido; essa porra de cicatriz ficou torta".

Estava tudo bem.

Relaxe, confie e permita

que a vida flua!

24.

Então a vida acontece assim: como se nada tivesse acontecido. Tudo que vivemos foi e é tão forte que me parece estranho estar assim. Como se nada tivesse acontecido. Acordamos cedo, fomos para o aeroporto: como se nada tivesse acontecido. Como se um mês atrás não estivéssemos lidando com uma possibilidade real de morte. Como se nada tivesse acontecido, entramos neste avião e estamos indo fazer algo que, quando programamos, não era palpável diante da realidade de uma cirurgia. Como se nada tivesse acontecido: estamos indo. Ao mesmo tempo, nunca mais a vida será como se nada disso tivesse acontecido. Olho para ele, sentado ao meu lado, a cicatriz em sua cabeça. A cicatriz não nos deixará esquecer jamais. Essa situação nos transformou de tantas e diferentes formas que eu peço que esta cicatriz nunca desapareça. É preciso que nunca nos esqueçamos.

Durante todo o período em que Ricardo esteve internado, e mesmo nas semanas subsequentes à sua alta, existia outra preocupação que, de vez em quando, invadia minha mente. O reConectar, primeiro workshop vivencial que eu efetivamente conduziria junto com uma amiga querida, aconteceria na metade de abril, em Sabará, próximo a Belo Horizonte, e eu não fazia a menor ideia do que faria caso algo saísse do que era otimistamente esperado. A cirurgia de Ricardo aconteceu exatos trinta dias antes do evento, para o qual mais de trinta pessoas já estavam inscritas, com passagens aéreas compradas; já havíamos pago parte do valor de hospedagem ao instituto onde o evento aconteceria e em nenhum momento qualquer um de nós mencionou a possibilidade de cancelar ou adiar o retiro.

Após as duas primeiras semanas de recuperação pós-cirúrgica, voltamos ao HC para a retirada dos pontos. Apesar de terem se passado apenas quinze dias, parecia que não pisávamos naquele prédio havia séculos e era difícil acreditar que, poucos dias antes, nossos sonhos tinham ficado para fora daquela porta amarela do centro cirúrgico: era como se nunca nada daquilo tivesse acontecido.

Mais duas semanas se passaram e, no exato dia em que viajaríamos, mais uma surpresa: Ricardo havia amanhecido com uma bola de pus na parte mais anterior da cicatriz, próxima à testa, e tivemos que correr ao HC mais uma vez. Eu estava morrendo de medo de que fosse algo mais sério e com mais medo ainda de recebermos alguma recomendação do tipo "não entre em um avião". Mas os médicos nos tranquilizaram e afirmaram que um dos pontos da cicatriz havia inflamado e que isso não representava risco algum à saúde de Ricardo. Alguns dias depois a bola de pus estourou, e pronto.

Como se nada tivesse acontecido.

Como se nada tivesse acontecido, nos juntamos a 35 belas almas dispostas a mergulhar fundo dentro de si mesmas para conseguir caminhar com mais inteireza e consciência. Durante os quatro dias da Páscoa de 2014, acordamos antes das sete da manhã para meditar, fizemos caminhadas em meio à natureza, dançamos muito e rimos mais ainda. Compartilhamos os mais profundos segredos de nossa alma e trocamos muito mais do que energia. Depois daqueles quatro dias, eu tinha certeza de que tinha descoberto a mais nova coisa que eu queria fazer "quando crescesse": trabalhar com grupos. Eu amava atender pacientes e me sentia muito satisfeita profissionalmente, mas o trabalho com grupos me trouxe outro tipo de satisfação: **me trouxe plenitude**.

De alguma forma louca, eu sentia que absolutamente **tudo o que eu havia vivido na minha vida tinha servido para me levar ao lugar onde eu então estava**. O workshop não serviu apenas para resgatar tesouros escondidos na alma das 35 pessoas incríveis que confiaram tanto em mim e se deixaram ser conduzidas durante esses quatro dias, mas resgatou também Ricardo. A meu pedido, ele participou de algumas dinâmicas que não conhecia, e fui sentindo, ao longo dos trabalhos, que ele voltava de um mundo de neurônios cortados por um bisturi afiado. Eu olhava para ele e parecia vê-lo caminhando novamente em minha direção, cada vez mais próximos de ser o que havíamos sido um dia.

Como se nada tivesse acontecido…

Mas era absolutamente impossível ignorar o que tinha acontecido – e sua cicatriz estava lá para nos lembrar disso. De inúmeras formas, era muito importante que não nos esquecêssemos do que havíamos vivido juntos e de todas as certezas que nossos medos trouxeram à tona. Nós tínhamos absoluta certeza de que queríamos ficar juntos para sempre.

Você tem absolutamente
todos os recursos dos quais
necessita para construir
a realidade em que deseja viver
exatamente aí, nas suas mãos.

25.

Eu acredito fortemente que Deus faça as pessoas aos lotes, e as bagunce todas na hora de enviá-las à Terra. Nós descemos todos misturados, destinados desde o princípio a nos encontrar para que possamos caminhar juntos – mas esta não é a finalidade máxima de irmos nos reencontrando pelo caminho, é apenas a consequência. Nós não somos colocados todos separados nesta terra de meu Deus por acaso. Nós não chegamos juntos nesta vida por um motivo muito especial.

Se viéssemos todos juntos, nos bastaríamos desde sempre e nos fecharíamos em uma bolha de autossuficiência ilusória. Se logo que nascêssemos já viéssemos entre semelhantes, nunca deixaríamos nosso local de origem, nunca nos aventuraríamos no mundo, nunca nos daríamos a chance de conhecer outros lugares e outras pessoas.

Eu me senti um peixe fora d'água durante muito tempo e foi apenas por causa disso que eu saí da minha zona de conforto e do mundo que eu conhecia para procurar quem me completasse. Foi apenas por me sentir solitária que eu rodei e rodei e rodei até encontrar a minha turma. E o mais legal é que, no caminho, conheci pessoas incríveis, aprendi com elas, ensinei um monte – trocamos muito mais do que apenas conhecimento ou experiência, trocamos energia, nos influenciamos. Mesmo as pessoas que vieram e não ficaram levaram algo de mim e deixaram algo seu comigo.

Deus é perfeito. A vida é perfeita – e estou começando a acreditar que eu também sou.

Não se esqueça: você tem absolutamente todos os recursos dos quais necessita para construir a realidade em que deseja viver exatamente aí, nas suas mãos. Tudo, tudo aquilo de que necessita se encontra, neste momento, dentro de você. E esse "dentro" não se resume apenas ao que existe dentro do seu corpo físico – ele se refere também ao que está se manifestando em qualquer campo da sua vida, no aqui e agora. O tempo não existe, estão cansados de dizer os físicos quânticos. O que está vindo, mas ainda não chegou, já está aqui, no seu aqui, no seu agora. Não se esqueça. Absolutamente tudo de que você precisa já se encontra à sua disposição. Abra seus olhos e seus braços.

O tempo passou de forma suave, mas extremamente rápida. Depois do primeiro reConectar, marcamos mais um workshops para julho do mesmo ano, e, mais uma vez, foi incrível. Depois do curso, seguimos para a Serra do Cipó, onde passamos uma semana perfeita em meio à natureza, fazendo muitas trilhas e aproveitando a deliciosa piscina aquecida que o hotel em que nos hospedamos tinha. Foram dias maravilhosos que deixariam saudades.

Depois de algumas semanas, já de volta a São Paulo, fomos almoçar em um restaurante vegano do qual gostávamos muito. Depois de comer, estávamos nos servindo de um cafezinho já na fila do caixa para pagar, quando vi um cartaz de divulgação de um workshop de consciência energética – Osho Prana Healing (OPH). Me interessei pelo evento, mas não o suficiente para me demorar mais do que dois segundos na leitura das informações do curso. Eu estava muito envolvida na condução de workshops em grupo – havia me tornado parceira do Instituto Kiyoshi na realização do "Namastê" e estava querendo me envolver em algum trabalho voltado para mim mesma, mas a circunstância ideal nunca chegava.

Algumas semanas depois, almoçando em outro restaurante vegano, voltei a ver o mesmo cartaz. Não sei exatamente por quê, mas no momento em que me levantei da mesa para andar na direção do folheto pendurado em um mural de avisos, me lembrei que uma amiga querida, Deva Gayana – que eu conhecera alguns anos antes em um curso de tantra e que vivia na Osheanic, no Ceará, coordenando as atividades em grupo do local –, havia me mandado uma mensagem privada no Facebook, que eu não abrira. Com o crescente número de seguidores e de solicitações que eu recebia, se tornava simplesmente impossível dar conta de todas as mensagens que me escreviam na rede social. Mas, naquele momento, eu tive a inexplicável *certeza* de que ela havia me escrito para falar exatamente sobre esse curso. Então fiquei absolutamente estarrecida quando, ao ler as informações gerais do evento, vi que os contatos que constavam no cartaz para esclarecimento de dúvidas e inscrições eram exatamente o dela e de seu companheiro Avinash.

Senti o coração bater mais forte – eu sabia que tinha que estar presente naquele curso. Mandei uma mensagem por WhatsApp para ela no mesmo instante, me comprometendo a ajudar na divulgação do curso e já garantindo a minha participação e a de Ricardo. O workshop, conduzido pela terapeuta italiana Rita Upadhi, aconteceria no início de setembro e eu sentia que seria um marco importante na minha vida.

Só não imaginava o quanto.

Osho diz que nunca na história da humanidade houve o homem moderno – o homem moderno é a maior novidade em termos de evolução da sociedade e da espécie humana como um todo. Um homem que dorme pouco, passa a maior parte de seu tempo em uma única posição (sentado), que come alimentos absolutamente desprovidos de nutrientes por conta de terras esgotadas e agrotóxicos e que parece viver a vida como se o mundo só existisse dentro de seus pensamentos. **O homem moderno vive dentro de seus próprios pensamentos, e pedir que ele se sente em uma posição complicada**, que seu corpo atrofiado não sustenta durante mais de cinco minutos, sem pensar em nada, é um ultraje. É por isso que o homem moderno não medita: porque ele não consegue sair de sua cabeça sem ir para algum outro lugar. Por isso Osho diz que a saída para o homem moderno são as meditações ativas – a única forma do homem sair de sua cabeça é indo para seu próprio corpo. Meditação é estar no presente – e, às vezes, a única forma de se conectar com o momento presente é por meio do coração disparado e do suor que escorre pela pele, que envolve um corpo que se esqueceu que existe.

O workshop de consciência energética aconteceu em meados de setembro, em uma cidade bem próxima a São Paulo – e lá fomos nós. Os trabalhos começaram na noite de uma sexta-feira com uma atividade que eu havia aprendido a amar: a meditação ativa Kundalini, de Osho.

Eu pratiquei a Kundalini pela primeira vez quatro anos antes quando me iniciara no tantra do Caminho do Coração. No início, praticar a Kundalini foi um verdadeiro desafio porque era extremamente desconfortável fazer coisas com meu corpo que eu não estava acostumada a fazer. Minha mente inquisidora e racional questionava absolutamente tudo que eu estava fazendo. Durante a hora inteira que a Kundalini leva, eu achava, o tempo todo, que estava fazendo algo de errado e que as outras pessoas estavam me julgando, enquanto eu fazia papel de ridícula. Eu não conseguia relaxar por um instante sequer, mas logo entendi: era isso o que eu fazia na minha vida.

Eu sempre tive tendências persecutórias bastante presentes. Frequentemente sentia que as pessoas estavam "estranhas" comigo, como se eu tivesse feito algo de errado.

Tenho muitas lembranças de quando era bem jovem, ainda no ensino fundamental, e escrevia cartas e mais cartas cheias de corações coloridos para amigas que, de repente, de uma hora para a outra, mudavam seus comportamentos comigo. Eu sentia uma culpa gigantesca, como se eu as tivesse magoado, decepcionado ou chateado. Como se eu tivesse algo de profundamente estragado e errado dentro de mim que, mais cedo ou mais tarde, transbordaria e escorregaria na direção das demais pessoas. Mais cedo ou mais tarde, todos se dariam conta do quão imperfeita eu era.

As meditações ativas de Osho – criadas especificamente para o homem moderno que, assim como eu, acreditava piamente no que dizem seus pensamentos e suas ideias a respeito do mundo – me proporcionaram um caminho incrível de autoconhecimento. Não era uma psicóloga ou um terapeuta me dizendo que eu era assim ou assado: era a sensação que eu experimentava todas as vezes que meditava. Serei eternamente grata ao amado mestre Osho por ter me ajudado a entrar em contato com aspectos meus tão importantes para o meu processo de desenvolvimento pessoal. Mas, por mais que eu amasse as meditações ativas que já conhecia, de modo algum eu estava preparada para experimentar o que vivi praticando a meditação dinâmica.

A meditação dinâmica é composta de cinco etapas, todas elas marcadas por músicas específicas e recomendações bem estabelecidas: a primeira etapa é a da respiração caótica, na qual se respira de maneira profunda e totalmente aleatória, sem um ritmo definido. A inspiração torna os pulmões repletos de ar, e a expiração precisa assegurar que todo o oxigênio contido nos pulmões seja eliminado. Na segunda etapa, é hora de expressar livremente tudo aquilo que estivermos sentindo, sem nenhum tipo de censura. É um momento de catarse em que o corpo assume o comando e faz o que bem entender – pular, gritar, chorar, rir – sem nenhum tipo de controle ou julgamento. A terceira etapa é para pular sem parar com os braços erguidos, gritando o mantra hu do modo mais intenso possível, colocando nessa tarefa toda a energia existente que se tem. Na quarta etapa, congela-se o movimento e fica-se quieto e imóvel como uma estátua, independentemente da posição em que estamos. E, para finalizar, na quinta etapa é hora de celebrar a vida e expressar toda a gratidão por estarmos vivos por meio da dança.

Eu nunca tinha ouvido falar da meditação dinâmica e, prestando atenção às instruções, imediatamente comecei a sentir medo – o que me indicava que eu estava diante de algo verdadeiramente importante para a minha alma. E, como eu já havia aprendido a fazer em situações anteriores, convidei meu medo a vir comigo para a sessão de meditação que mudaria a minha vida.

Assim que a fase da respiração caótica começou, eu já experimentei desconforto, mas rapidamente encontrei sua origem. Aquela respiração me tirava totalmente da minha zona de conforto, fazia meu nariz escorrer, secava a minha boca. Era, de fato, desagradável – mas eu havia aprendido a confiar em Osho e nos benefícios de suas práticas, então segui em frente. Rapidamente o desconforto desapareceu, como sempre acontece quando paramos de resistir a ele.

Iniciamos a fase da catarse – e, então, pirei. Eu me senti mais do que incomodada: minha vontade era de sair correndo dali. As pessoas gritavam, choravam, socavam almofadas, e eu não conseguia fazer outra coisa a não ser julgá-las. Eu achava que já tinha caminhado bastante em meu desenvolvimento pessoal e em minha espiritualidade, mas aquela fase da meditação dinâmica me mostrou o quanto eu ainda era arrogante, prepotente e crítica com as outras pessoas. Eu olhava ao redor, já descumprindo a primeira recomendação de manter os olhos fechados, e achava todo mundo à minha volta um bando de idiotas. Uma menina chutava uma pilha de almofadas; um homem gritava como se estivesse de frente para um animal selvagem. Minha mente não parava um instante tecendo julgamentos do tipo "que menina ridícula" ou "que cara descontrolado". E, enquanto eu olhava para os outros julgando a tudo e a todos, percebi que estava congelada. Eu não expressava nada. A recomendação era clara: deveríamos expressar como nos sentíamos sem julgamento, críticas ou controle, e eu estava estatelada em uma sala cheia de gente expressando como se sentia, absolutamente paralisada, julgando e criticando todo mundo à minha volta. Totalmente reprimida. Completamente assustada.

Ter percebido isso me encheu de raiva – da mais pura raiva. Mas eu não estava com raiva das pessoas à minha volta, eu estava morrendo de raiva de mim mesma.

Eu queria me bater. Eu queria me socar, e foi isso que comecei a fazer. Comecei a dar murros em minhas pernas, em meus braços, porque, por mais que eu houvesse caminhado em minha jornada de autoconhecimento e espiritualidade, eu ainda era a mesma pessoa: crítica, julgadora. Ridícula. Eu me sentia ridícula e, de repente, tive mais raiva ainda por me sentir assim. Eu abri meus olhos por um instante e fitei o chão e tive vontade de rolar por ele de raiva, mas no mesmo instante me controlei, e uma voz falou dentro de meus pensamentos: "Não seja ridícula". E, então, eu tive mais raiva ainda, porque sempre havia sido essa voz a me impedir de ser quem eu era por medo da opinião dos outros.

Naquele instante, percebi, eu tinha uma escolha. Eu estava em uma fase da meditação cuja orientação era expressar livremente o que quer que eu sentisse, sem críticas nem julgamentos; eu tinha vontade de rolar no chão, mas não me permitia porque me julgava – e era isso que eu estava fazendo na minha vida. Eu podia continuar me julgando ou podia me aventurar a ir mais longe e romper minhas barreiras. Eu podia continuar me controlando por medo de ser ridícula ou podia simplesmente me jogar na experiência e ver o que acontecia. Eu resolvi simplesmente me entregar.

Eu rolei no chão. Rolei no chão de um lado para o outro, e o movimento me colocou numa espécie de transe. **Eu não estava mais ali.** Era como se tudo que me fizesse ser quem eu era tivesse se resumido, de repente, à pele que entrava em contato com o chão frio e molhado de suor de outras pessoas que pulavam sobre mim, choravam e chutavam almofadas. Eu rolei no chão por um tempo que não saberia mensurar até que, sem que minha mente se metesse na história e não apitasse em mais nada, de repente meu corpo assumiu a posição de cócoras – e eu comecei a fazer força.

Sem que me ocorresse nenhum pensamento, eu simplesmente sabia: eu tinha que fazer força. E enquanto eu fazia força eu gritava e quanto mais eu gritava mais sabia que eu não conseguiria. Eu não ia ser capaz, o bebê não sairia de mim e eu morreria tentando parir. Comecei a chorar desesperadamente, mas não era eu quem chorava, não era eu quem fazia força e não era eu quem estava morrendo naquele parto. Eu não sei quem era, mas, apesar de sentir tudo – a força, a certeza de que não seria capaz, o medo de morrer parindo, as lágrimas que escorriam pela minha face –, eu apenas observava. Eu estava sentindo tudo aquilo e, de repente, estava me observando de fora, de repente voltava a sentir tudo aquilo e em um segundo não estava mais lá. Até que tudo foi passando. A vontade de fazer força passou, o medo desapareceu, a vontade de chorar se dissipou, e eu senti vontade de me levantar. Eu me levantei e, exatamente naquele instante, a próxima fase da meditação se iniciou e eu comecei a pular gritando "hu".

As demais fases da meditação se passaram sem nenhum outro tipo de percalço e, no exato instante em que saímos para o café da manhã, assim que tive a chance, fui conversar com Upadhi. Contei-lhe o que havia ocorrido, perguntei se ela achava possível que eu tivesse acessado alguma lembrança de outra vida naquela etapa da meditação, em que eu eventualmente tivesse morrido no parto. Contei a ela que já haviam se passado nove meses desde que Ricardo e eu tínhamos decidido não mais evitar a gestação e questionei se era possível que um trauma energético de outras vidas estivesse impedindo que eu concebesse o filho que queríamos ter juntos. Ela me ouviu em silêncio, olhando para mim, mas ao mesmo tempo fitando algo que só poderia ser descrito como o ar em volta da minha cabeça e, depois de alguns instantes, respondeu com bastante simplicidade: "Sim".

Naquele instante, lágrimas gordas vieram aos meus olhos, e eu tive certeza de que era exatamente aquilo o que estava acontecendo. Ouvi com toda a atenção enquanto ela me dizia que naquele mesmo dia, mais tarde, teríamos uma dinâmica de limpeza do campo energético; segundo ela, se eu autorizasse, ela aproveitaria aquele momento para interferir no meu campo e auxiliar no processo de limpeza. Obviamente, eu disse que aceitava, e assim foi. Durante a parte da tarde, em um exercício em dupla, Upadhi se aproximou juntamente com sua auxiliar, a quem pediu que me desse suporte segurando minhas costas. Pediu que eu mantivesse meus olhos fechados e, enquanto recitava palavras em uma língua que eu não conhecia, fez alguns movimentos com as mãos em volta de minha cintura. Senti uma pressão tão forte na região do meu umbigo, que teria caído para trás caso sua auxiliar não estivesse ali me segurando. Em meio segundo, tudo acabou – o exercício terminou, saímos da sala, continuamos com o dia. Mas eu sentia algo muito esquisito que demorei a perceber o que era.

Apenas algumas horas depois percebi: a lombalgia que eu sentia, que me acompanhava havia quase dez anos e que já me fizera procurar ortopedistas, massagistas, acupunturistas, fisioterapeutas, pilates, ioga e até mesmo tratamento espiritual, havia simplesmente desaparecido.

Algo realmente importante havia acabado de acontecer.

Mais livre.

Mais inteiro.

26.

Depois daquele fim de semana de cura, no qual conheci Upadhi e a técnica de consciência e cura energética OPH, tive mais um encontro memorável com a terapeuta italiana. Ela havia sugerido que eu me submetesse a uma sessão completa de OPH, na qual pudesse trabalhar mais plenamente meu campo energético, além de ser uma oportunidade de conhecer melhor minha história e quais outras variáveis poderiam estar influenciando em minha demora para engravidar.

Assim, em uma tarde de dia de semana qualquer, Upadhi veio ao meu consultório me atender. Sua amiga, Gaia, igualmente italiana e discípula de Osho, a acompanhava, e Upadhi estava bastante desconfortável porque a havia trazido junto para a consulta. Ela achava que eu tinha uma sala de espera, na qual Gaia pudesse ficar sem atrapalhar ou interferir em nossa sessão – mas a única sala de espera que existia era a da recepção do prédio, que estava muito abafada e lotada para que ela ficasse confortavelmente instalada pelas duas horas seguintes. Ela me perguntou se eu me incomodaria caso Gaia estivesse presente na sessão, e como ela não entendia nem português nem inglês (idioma no qual Upadhi e eu conversávamos), não me importei. Gaia se sentou em minha cadeira e ficou mexendo em meu computador, navegando na internet, e

Upadhi e eu fomos para os sofás nos quais eu atendia meus pacientes em psicoterapia.

Logo de cara, ela me pediu que eu falasse um pouco sobre minha mãe – e eu imediatamente comecei a chorar. Naquela mesma semana havia acontecido algo muito chato envolvendo minha mãe e os ex-funcionários de nossa casa de praia, e eu estava arrasada por dentro por ver minha mãe, já uma senhora de 70 anos, passar pela dor de cabeça que passaria nos próximos meses. **Ela me perguntou os motivos de eu estar tão emocionada, e eu disse que sempre havia procurado**, desde o divórcio de meus pais, poupar minha mãe o máximo possível de qualquer coisa que pudesse aborrecê-la.

Upadhi me fez mais algumas perguntas e, depois de escutar pacientemente minhas respostas, disse que achava que existia algo em meu campo relacional com minha mãe que ela gostaria de explorar um pouco mais e me perguntou se eu aceitaria que ela conduzisse uma sessão de constelação familiar para investigar algumas coisas. Eu aceitei, e ela, muito amorosamente, sugeriu que Gaia desempenhasse o papel de minha mãe, "já que ela está aqui à toa". Eu aceitei: que mal haveria nisso? Upadhi, então, perguntou a Gaia se ela aceitaria participar do processo, e ela prontamente aceitou.

A terapeuta nos posicionou frente a frente, com um espaço de mais ou menos 2 m entre nós. Sua orientação foi simples: "Apenas olhe para Gaia como se ela fosse sua mãe", e eu obedeci. Mas, no momento em que fitei aqueles olhos azuis claríssimos, algo totalmente inesperado aconteceu: eu estava olhando para Gaia, mas aqueles olhos eram de minha avó materna, Vera, falecida havia quase vinte anos. Ao mesmo tempo que eu olhava para Gaia como se ela fosse minha mãe, eu me sentia minha própria mãe olhando minha avó, e a sensação que me invadiu foi a de rejeição – eu não saberia dizer quem estava rejeitando quem, não era uma percepção racional. Era apenas uma sensação que me dizia que eu tinha que chegar mais perto dela para ser vista, como se na distância em que estávamos eu não fosse notada.

Eu, então, sorri para Gaia e dei um passo na direção dela. E, no momento em que me aproximei, ela mudou a expressão nos olhos parecendo contrariada e simplesmente se distanciou mais ainda, dando passos para a lateral, se afastando de mim e do meu olhar. Por alguns segundos eu fiquei sem reação, mas, logo em seguida, me voltei em sua direção, dei o sorriso mais intenso que consegui e avancei mais um passo.

Dessa vez, Gaia baixou os olhos, suspirou intensamente como alguém que está com falta de ar e, fazendo gestos com as mãos, disse em italiano: "Não, não, preciso de espaço", e se afastou mais ainda de mim. Eu comecei a chorar copiosamente. Por mais que aquela situação nunca tivesse acontecido de fato em minhas memórias de vida com minha mãe, de alguma forma louca e não racional eu *entendi* – eu não saberia explicar exatamente o que havia entendido, porém naquele momento eu entendi, e Upadhi mais do que depressa pediu que Gaia voltasse à cadeira do computador e me indicou o sofazinho onde estávamos sentadas anteriormente.

"Você me disse que desde a separação de seus pais vem procurando poupar sua mãe de sofrimento. Você precisa parar de ser o marido de sua mãe. Maridos não engravidam", ela me falou do modo mais direto possível. Em seguida, me indicou uma meditação que, segundo sua recomendação, eu deveria fazer todas as noites antes de dormir. Na meditação, eu visualizava minha mãe sentada à minha frente e dizia a ela: "Eu sou apenas sua filha mais velha", para logo em seguida visualizá-la me dizendo: "Você é apenas minha filha mais velha".

Logo em seguida, Upadhi me orientou a deitar na maca para a sessão de OPH propriamente dita. Eu me deitei, fechei os olhos e relaxei ao som da música que ela havia escolhido em seu iPod. Ela começou tocando ligeiramente primeiro a mão, depois o braço, em movimentos de massagem bastante delicados inicialmente em minha pele, mas logo depois, a menos de um centímetro do meu corpo, – ela não me tocava, mas eu conseguia sentir o calor da palma de suas mãos percorrendo meus braços e, depois, minhas pernas. Eu estava me sentindo bastante confortável e entregue à situação, escutando de olhos fechados a música que tocava e com a mente tranquila sem pensar em nada.

De repente, algo estranho começou a acontecer. De um modo que até hoje eu não sou capaz de explicar, no exato momento em que suas mãos começaram a se aproximar da região de meu quadril e baixo-ventre, mais ou menos na região de meu primeiro e segundo chacras, eu senti algo se mexendo dentro de mim. Eu sentia minha barriga se mexer de um jeito que eu só consigo comparar com uma cena grotesca do filme de terror *Alien, o oitavo passageiro*, quando uma criatura alienígena se move dentro da barriga da personagem interpretada pela atriz Sigourney Weaver.

O "algo" dentro de mim começou a subir pela minha barriga em direção ao meu umbigo, e eu senti uma pressão tão forte na região central do meu abdome que minhas costas se curvaram e deixaram de tocar a maca na qual eu estava deitada. Meu corpo ficou apoiado apenas sobre minha lombar e minha cabeça, o resto dele se elevou em direção ao teto, e, enquanto isso, o que quer que havia dentro de mim continuou subindo em direção ao meu estômago. Incrivelmente, eu me mantive calma e consegui ter autocontrole suficiente para nem sequer abrir os olhos. Eu apenas respirava, dando vazão ao que acontecia comigo enquanto ouvia Upadhi recitar mais palavras em uma língua que eu não conhecia. Entre uma palavra e outra, ela suspirava e fazia um som de "shhhhh".

E, tal como a esquisitice toda começou, ela simplesmente acabou. De repente, lá estávamos eu deitada na maca, Upadhi deslizando as mãos a meio centímetro de meu corpo, e Gaia sentada diante do computador, fuçando as redes sociais. Depois de alguns minutos, ela avisou que estava tudo encerrado e, antes mesmo que eu perguntasse qualquer coisa, disse: "Existia algo que precisava ser retirado".

Quinze minutos depois, eu estava voltando para casa me sentindo estranhamente calma. Eu havia acabado de viver a experiência mais esquisita e difícil de explicar da minha vida, mas, inacreditavelmente, parecia que agora sim tudo estava como devia estar. Eu me sentia mais leve, me sentia mais alta até – como se uma bigorna tivesse sido retirada de cima dos meus ombros. Eu me sentia mais livre. Mais inteira.

E foi na semana seguinte, na segunda quinzena do mês de agosto de 2014, que eu engravidei.

Experimentar
algo transformador...

27.

A bronca que eu levei do meu pai na infância. O choro da minha mãe diante da decepção comigo. A briga com as coleguinhas da escola. A surra que tomei da menininha do prédio. O primeiro amor não correspondido. A sensação de não pertencer ao grupo. O olhar de mágoa da amiga diante de minha traição na adolescência. A dor de ter sido enganada pela melhor amiga. O fora do primeiro namorado. A dor da família sendo desfeita. O ressentimento de não ter proporcionado o acolhimento necessário. O inconformismo diante da falta de gratidão de uma pessoa a quem tanto tentei ajudar. O "eu te amo" tão esperado que nunca veio. A solidão.

Eu tenho fugido de minhas dores a vida inteira. Fugi do que senti, do que achava que ia sentir, do que pensava que os outros sentiam, do que eu não queria sentir nem queria que os outros sentissem. Eu fugi o tempo todo, buscando referências de passado que impedissem que minhas dores do ontem fossem repetidas no amanhã. Eu não percebia, mas as dores sempre me apontaram as minhas fragilidades. Hoje vejo: cada uma de minhas dores apontava um caminho de retorno para casa. Como os pedacinhos de pão na fábula de João e Maria.

A criança abandonada. A pessoa traída. O adolescente inseguro. A pessoa excluída. A garota rejeitada. O amante desprezado. A amiga desimportante. O salvador não reconhecido. O ser humano mal-amado. Uma pessoa solitária. A mãe esquecida. Uma alma que dói. Eu nunca admiti ser nenhuma dessas pessoas, e quem é que aguenta ir para a frente deixando tantas partes suas para trás?

Hoje sou grata a cada uma de minhas dores; na época em que as senti eu não sabia, mas elas estavam me transformando. Eu as evitei, corri delas, vesti minha armadura de menina superpoderosa e tentei voar, saltando do prédio mais alto. Caí de boca tantas vezes que até perdi a conta. Mas sou grata a elas, porque elas voltaram – e continuam voltando. E tal qual uma lagarta, que precisa enfrentar o casulo para se transformar em borboleta, eu aceitei a escuridão, o calor e a umidade da prisão das minhas dores e suportei o insuportável, para que asas coloridas pudessem sair das minhas costas. O processo não terminou – e não sei se ele, um dia, chega a terminar. Mas, hoje, sou grata por ele.
Talvez a vida seja esse processo. Talvez viver seja aceitar a dor e permitir que ela nos transforme – tal qual o ouro, que precisa suportar o fogo para ser purificado. E nós somos ouro: nada além do metal de mais pura nobreza.

Ter engravidado foi a coisa mais maluca que já me aconteceu na vida – e eu nunca vou ser capaz de descrever exatamente de quantas inúmeras formas eu me sinto grata por ter tido e estar tendo a chance de **experimentar algo tão transformador**. Ao mesmo tempo, nunca imaginei em minha vida que algo pudesse ser tão difícil de tantas formas diferentes.

Gestar e dar à luz outro ser humano foi e está sendo a experiência mais profunda que eu já vivi – mas isso vai ficar para um próximo livro, porque eu precisaria de mais umas duzentas páginas para conseguir colocar tudo no papel. O que posso dizer por ora é que nem em meus mais criativos sonhos adolescentes, regados a drogas e rock'n'roll, eu imaginaria quanto amor eu seria capaz de sentir por um filho.

Hoje, quando olho para trás, percebo exatamente o que esteve em jogo – o que sempre esteve em jogo. Se eu tivesse que resumir a minha vida em uma única frase, a ser gravada em meu túmulo no cemitério, certamente meu epitáfio seria: "Aqui jaz alguém que buscou ser amada, mais do que tudo na vida". Sempre foi isto: o amor-próprio, a autoestima, mas não daquelas que a gente aprende fazendo dieta, arrumando o cabelo ou começando a namorar. Hoje, para mim, amor-próprio tem outro significado. Amar a si mesmo, na minha concepção, passa por aceitar incondicionalmente todas as nossas partes.

Inclusive, e principalmente, aquelas que pagaríamos quanto fosse necessário para que simplesmente deixassem de existir.

Gael nasceu no dia 7 de junho de 2015 e, no exato momento em que saiu de dentro de mim, arrancando sangue, suor e lágrimas tanto de mim quanto de Ricardo – que esteve ao meu lado em todos os minutos das quase dezesseis horas de trabalho de parto –, mudou minha vida para sempre.

Após seu nascimento, decidi algo que não poderia ser diferente, levando em consideração a minha história e as minhas referências: eu não mais atenderia pacientes. Contando com o apoio irrestrito de meu marido, minha assessora, minha família e meus fiéis leitores e seguidores nas redes sociais, optei por interromper minha prática clínica e me dedicar por completo à produção de conteúdo para a internet.

Com muito amor e dedicação, criei uma área em meu site para assinantes, o Portal Despertar, na qual compartilho material exclusivo, conteúdo inspirador e motivacional, meditações e arquivos de áudio para ajudar pessoas que, assim como eu vivi um dia, estão passando por seu processo de despertar. Sou imensamente grata por todas as almas que, aceitando serem guiadas por minhas mãos, me permitem viver uma vida mais alinhada com os valores que eu julgo serem fundamentais para mim e minha família. Ricardo e eu trabalhamos em casa e nos revezamos nos cuidados com nossos filhos – Gael, o humano, e o Portal Despertar.

Gael é uma criança alegre, comunicativa e feliz. Desde um mês e meio de idade está conosco na estrada, nos acompanhando nos retiros, grupos e workshops que conduzimos. Acostumado a estar em meio a muitas pessoas, gosta de fazer amizades e já mostra ao que veio – mesmo sem ainda saber falar, puxa papo com qualquer pessoa que esteja por perto e renova as energias de nossos encontros com sua natureza espontânea, amorosa e livre.

Gosto de pensar que eu estou fazendo aquilo a que me propus quando, em uma vivência de PNL há quase quatro anos, entendi que minha missão estava relacionada a colaborar no processo de despertar da espiritualidade para a vida cotidiana do maior número de pessoas possível. Gosto de pensar que estou fazendo a minha parte para ajudar o mundo a se transformar em sua melhor versão, para que meu filho o experimente de forma mais plena e consciente.

Diariamente recebo mensagens, e-mails e depoimentos de pessoas que me dizem que eu salvei suas vidas; elas não sabem de nada. Na verdade, foram elas que me salvaram – e que me salvam ainda, todos os dias. Eu tenho certeza de que não estaria vivendo absolutamente nada do que vivo hoje se não fossem por cada um de vocês que, um dia, resolveram prestar atenção no que eu dizia. A você, minha mais profunda gratidão.

No mais, o que eu gostaria de lhe dizer é: utilize toda a energia que você tem para transformar-se na melhor versão de si mesmo. Não tenha medo de se revelar. Desabroche. Existe um mundo inteiro de seres humanos esperando pelo seu transbordamento, aguardando pacientemente pela oportunidade de, enfim, te amar por inteiro – mas, para isso, você precisa ser inteiro. Isso nunca vai acontecer se você continuar selecionando partes suas para serem reveladas e outras tantas para serem escondidas. Você pode, sim, ser amado pelo que escolhe mostrar aos outros – mas de que vale ser valorizado por um personagem que você criou?

Apenas permita-se ser quem você é e prepare-se para experimentar algo que você nunca julgou ser capaz de experimentar: a paz profunda que vem da aceitação plena de tudo o que existe dentro de você.

E nunca se esqueça:
existe muito amor aqui
para todos nós.

Epílogo

A vida acontece, e talvez você possa se esquecer momentaneamente de quem você é e do que veio fazer aqui. E talvez você possa estar identificado demais com seus pensamentos para se lembrar de sua verdadeira natureza. Então, neste momento, feche seus olhos e inspire e expire profundamente; junto com o ar que entra, repita dentro da sua cabeça: “Eu sou luz”. Porque é isso que você é. É isso que eu sou, e é isso que as pessoas que proporcionaram as maiores alegrias e tristezas da sua vida também são. Isso é tudo uma grande experiência – não se esqueça.

No livro *Um curso em milagres*, diz-se que o plano do ego para sua salvação é guardar mágoas e ressentimentos – existe a crença firmemente estabelecida de que, se as coisas fossem de alguma forma diferente do que são, todo mal-estar desapareceria, levando consigo as dores de nosso ser. O pulo do gato acontece quando nos damos conta de que acreditar que as coisas poderiam ser diferentes do que são é acreditar que o alívio para nossas aflições esteja sempre fora de nós.

Nós somos educados para ser vítimas, vilões e heróis, porque é consequência inerente de um criar o outro. Se a saída para nossa angústia está fora de nós, somos vítimas da vida e de suas circunstâncias – é a vítima que cria o vilão, que cria a necessidade de um herói, alguém que nos salve de nossa própria miséria existencial. Nessa segmentação, criamos dinâmicas de codependência que apenas eternizam experiências de dor, incredulidade e falta de esperança.

Não existem vítimas, vilões ou heróis. Somos todos seres humanos, todos iguais, todos semelhantes. Nós todos sentimos as mesmas coisas, apenas em momentos diferentes e por motivos diferentes. Mas tudo o que sentimos neste exato momento, você e eu, já foi sentido por outra pessoa em algum momento da história da humanidade. Todos os seus sonhos, todos os seus medos, todas as suas vontades e esperanças: alguém no planeta Terra já os sentiu antes. Somos todos iguais, e existe algo que eu não me canso de ouvir das pessoas em meus cursos, workshops ou palestras: "Flavia, você é um ser humano comum, igualzinha a mim". Como poderia ser diferente?

Ainda em *Um curso em milagres*, é dito que a única causa e condição para que possamos nos odiar, brigar, lutar e nos destruir é nos enxergarmos muito diferentes uns dos outros. De que modo poderíamos atacar alguém se reconhecêssemos sua jornada como semelhante à nossa? De que modo poderíamos odiar alguém que tem, na vida, objetivos e sonhos semelhantes? Se fôssemos capazes de enxergar uns aos outros como os verdadeiros irmãos que somos, nos esforçaríamos para ajudá-los a alcançar suas metas de todas as formas que pudéssemos, pois sua realização seria percebida como nossa também.

Minha maior lição desde que comecei esta jornada de transbordamento nas redes sociais é a de que não importa quanto uma pessoa se esforce para se disfarçar de sapo, sempre vai existir um príncipe ou uma princesa debaixo da fantasia puída. Uma criança livre que um dia sonhou em ser um astronauta, mas que acreditou quando lhe disseram que isso era impossível. Deixar de acreditar na capacidade de viver os sonhos é o primeiro passo para uma vida pautada no medo, e não no amor.

A minha experiência pessoal é a prova máxima que eu tenho de que viver seus sonhos é possível – mesmo quando você não sabe direito quais são eles. É possível sentir o encantamento transbordar do coração. É possível encontrar o amor verdadeiro, ter uma família feliz – é possível viver do que se ama. É possível. Se é isso o que vivo todos os dias de minha vida, como posso acreditar no contrário?

Evidentemente que existem momentos de dor, aflição e angústia; porém mais importante do que acontece conosco é o modo como escolhemos reagir a isso. E eu escolho responder ao meu medo e à minha dor jogando um pouco mais de luz sobre a escuridão e me fazendo perguntas como "o que tenho a aprender com isso?", "de que modo esta experiência me transforma em uma pessoa melhor?" e "qual está sendo o presente disfarçado de dor que a vida está me trazendo agora?". Não perco mais meu tempo me vitimizando, perguntando "por que comigo?" ou "o que fiz para merecer isso?". Estas são perguntas que tiram nosso poder pessoal. Estas são perguntas de vítimas, e eu não sou uma vítima. Você não é uma vítima. Nós somos todos luz.

A cada dia vemos o sol nascer e a cada dia vemos o sol morrer e, no entanto, não é ele quem se move: somos nós. Por mais que nossos olhos vejam claramente a estrela gigantesca sair do horizonte no início do dia para voltar a mergulhar nele ao seu final, ele não está indo a parte alguma. Somos nós quem nos movemos. E por mais que possamos andar em direções diferentes e ter a percepção de que estamos todos vivendo cada um a sua vida, nada disso é verdade. Estamos todos a bordo de uma nave espacial gigante que viaja a centenas de milhares de quilômetros por hora em volta de uma bola de fogo, suspensa no vazio, em um Universo que, cada vez mais dizem os cientistas, não é o único que existe. Se isso não for um milagre, o que mais pode ser?

Qual milagre você escolhe viver hoje?

Agradecimentos

À minha assessora e melhor amiga, Luli Solano, exemplo de mãe, profissional e ser humano: sem você eu jamais teria conseguido me organizar para escrever este livro.

A meus sogros, Lu e Pedro, por terem servido de veículo para que Ricardo chegasse ao mundo: sem ele, eu nunca teria compreendido que o amor não é apenas uma resposta, e sim a única resposta.

A meus compadres, Bel e Sergio, por me ensinarem o significado de espiritualidade; sem vocês eu estaria fazendo o que faço pelos motivos errados.

A todas as pessoas que me acompanham há anos pelas redes sociais; sem vocês eu já teria esquecido há muito tempo quem sou e o que vim fazer aqui.

E a todos aqueles que me magoaram e me feriram; vocês foram imprescindíveis para que eu ganhasse as cicatrizes que aprendi a amar. Gratidão por terem me ensinado tanto sobre fragilidade, autoaceitação e perdão.

Eu os amo, sinto muito, me perdoem, sou grata.

Este livro foi composto em Adobe Garamond e Sofia Pro Soft e impresso
pela Santa Marta para a Editora Planeta do Brasil
em março de 2017.